ALESSANDRA BRAGA DE MIRANDA

Participação: Sari Bonenkamp

Prefácio: Sofia Esteves

SUA VOZ PRA JOGO

FALE COM CLAREZA E CONFIANÇA
E ACELERE SUA CARREIRA E NEGÓCIOS

ALL PRESENTATIONS
COMUNICAÇÃO É TUDO!

Ofício das Palavras
literatura a quatro mãos

Coordenação Editorial: **Ofício das Palavras**
Revisão: **Ofício das Palavras**
Diagramação: **Tatiane Lima**
Capa: **peixe.design**

12241- 000 São José dos Campos, SP
www.oficiodaspalavras.com.br
@oficio_das_palavras

Printed in Brazil/Impresso no Brasil

Dados Internacionais de Catalogação na Publicação (CIP)
(eDOC BRASIL, Belo Horizonte/MG)

Miranda, Alessandra Braga de.
M672s
Sua voz para jogo: fale com clareza e confiança e acelere
sua carreira e negócios / Alessandra Braga de Miranda.
– 1. ed. – São José dos Campos, SP : Ofício das Palavras, 2025.

189 p. ; 16 x 23 cm.

ISBN 978-65-5201-076-6

1. Comunicação empresarial. 2. Oratória. 3. Comunicação
interpessoal. 4. Desenvolvimento profissional. 5. Liderança.
I. Título.

CDD 658.45

ALESSANDRA BRAGA DE MIRANDA

Dedicatória

A Deus, em primeiro lugar, toda a minha gratidão. Este livro é fruto de um processo profundo de amadurecimento espiritual e intelectual, por isso, dedico ao Senhor a realização desse sonho.

Ao meu amor, Aloisio, que sempre acreditou na minha voz. Obrigada pelo encorajamento constante e por ser meu parceiro em cada capítulo de vida.

Às minhas filhas amadas, Luiza e Letícia, para que conheçam parte da minha jornada e saibam: este livro também é um legado para vocês. Saibam que são ouvidas com amor diariamente e desejo que cada palavra do livro seja a semente que ajude a florescer suas vozes.

Aos meus pais, que semearam fé, valores e orações em minha vida.

À minha irmã Aline, que leu antes de todos e torceu em voz alta com empolgação para eu continuar escrevendo.

E a cada cliente, parceiro e integrante do time All Presentations: vocês são parte dessa história. Nosso trabalho juntos é a prova viva de que colocar a voz pra jogo transforma vidas e negócios todos os dias.

ALESSANDRA BRAGA DE MIRANDA

Sumário

Prefácio

Acredito profundamente no poder da comunicação para transformar carreiras e vidas. Ao longo da minha trajetória na Cia de Talentos, tive o privilégio de acompanhar milhares de profissionais em suas jornadas de crescimento e desenvolvimento. E, se tem algo que sempre ficou claro para mim, é que não basta ter competência técnica ou experiência; é essencial saber comunicar com clareza, segurança e propósito.

Foi exatamente essa a missão que vi a Alessandra Braga abraçar com tanta paixão e dedicação. Como sócia-fundadora da All Presentations, ela tem impactado a vida de milhares de profissionais, ensinando-os a desbloquear sua voz e a construir mensagens que realmente geram conexão e influenciam decisões.

Tive a alegria de ser atendida por ela e de ver, na prática, o quanto sua metodologia e abordagem são eficazes. Com um olhar apurado e uma escuta atenta, Alessandra vai além de ensinar técnicas, mas também inspira confiança, mostrando que comunicar-se bem é uma habilidade que pode (e deve) ser desenvolvida.

Este livro é um presente para todos que desejam se expressar de forma mais autêntica e impactante. Aqui, você encontrará mais do que estratégias e práticas valiosas, mas também o incentivo para superar seus bloqueios e medos, porque comunicar-se bem não é um dom, e sim uma habilidade poderosa ao alcance de todos.

Parabenizo a Alessandra por essa iniciativa e convido você a mergulhar neste conhecimento com a certeza de que sua voz tem força e pode abrir portas inimagináveis.

Boa leitura!

SOFIA ESTEVES

Fundadora e presidente do conselho do Grupo Cia de Talentos

Apresentação

A história da humanidade é, antes de tudo, a história das conexões e da capacidade de nos comunicarmos. Foi assim que erguemos sociedades, transmitimos saberes e realizamos conquistas que mudaram o rumo da história. Somos, essencialmente, seres sociais, e é na forma como nos conectamos e como comunicamos nossa voz que se revela o nosso verdadeiro poder de transformação.

Este livro, escrito por Alê Braga, é um guia essencial para quem deseja colocar a sua voz no mundo de forma clara, coerente e impactante. Alê reúne aqui técnicas, reflexões e práticas que ajudam cada pessoa a transformar ideias em mensagens que realmente chegam ao outro, mensagens que são ouvidas, compreendidas e capazes de mobilizar.

Minha relação com a Alê surgiu de um daqueles encontros mágicos que a vida oferece. Eu, como especialista em conexões humanas, e ela, como especialista em comunicação, percebemos como nossos campos de atuação se entrelaçam. Afinal, construir conexões passa pela comunicação, assim como falar bem é gerar conexão real com o outro. Esse insight foi tão forte que inspirou o adendo final deste livro: um capítulo extra sobre networking e conexões, que completa a jornada de quem já aprendeu, ao longo das páginas, a comunicar-se com autenticidade.

Por isso, mais do que um livro sobre comunicação, é um convite para unir dois pilares fundamentais da vida humana: expressar a sua voz no mundo e construir as conexões certas para sustentá-la.

Que esta leitura seja, para você, tão transformadora **quanto foi para mim conhecer o trabalho da Alê.**

Por

SARI BONENKAMP

Introdução

POR QUE VOCÊ DEVE LER ESTE LIVRO

*"Invista em você mesmo.
O jeito mais fácil de você valer 50% a
mais do que vale agora é dominando
suas habilidades de comunicação..."*
Warren Buffet

Eu lido com momentos decisivos todos os dias. Como treinadora de speakers, minha missão é despertar a confiança de cada profissional na própria voz. Meu trabalho é ensiná-los a enxergar seus pontos de força e aprender a falar, com segurança e clareza, em momentos que podem definir o rumo da vida deles e de milhares de pessoas.

Apresentar-se numa reunião com a diretoria, fazer cumprir uma sentença judicial, a aprovação de uma proposta comercial que pode ser um novo fôlego para a sobrevivência da empresa, a entrevista do emprego dos sonhos, tornar a mensagem exponencial em uma live...

São meses, muitas vezes anos, de trabalho que estão em jogo naqueles 15 minutos de uma apresentação estratégica. E sem dúvida, o jeito que você se comunica pode abrir portas ou criar muros.

Ao longo de quase duas décadas, já tive a oportunidade de conhecer empresários, magistrados, economistas, médicos, palestrantes internacionais, diretores e presidentes das maiores companhias do país. Estar ao lado dessas pessoas no momento em que elas estão vulneráveis, diante de conversas difíceis e importantes, exige mais do que técnica; exige sensibilidade.

São pessoas comuns que se esforçaram e conquistaram seu lugar de destaque na sociedade e em suas atividades; profissionais **notáveis** que fazem a diferença com seu trabalho, já ocupam cadeiras de liderança e que, justamente por isso, enfrentam no dia a dia desafios que aumentam na mesma proporção que eles crescem.

E sabe o que a maioria das pessoas bem-sucedidas tem em comum?

A consciência de que a comunicação é a habilidade essencial para ter êxito **em qualquer área da vida, em especial na atuação profissional.**

E mais: a capacidade de valorizar e respeitar a própria história e as experiências que as tornaram quem são hoje.

Mesmo os comunicadores mais confiantes em momentos decisivos buscam apoio especializado.

Meu desejo ao escrever este livro é que você se sinta inspirado e provocado a transformar sua comunicação, lendo as histórias de alguns dos meus clientes e conhecendo as técnicas e práticas que trouxeram resultados reais para mais de 15 mil profissionais, treinados em workshops, mentorias e consultorias ao longo desses anos na All Presentations.

Hoje, atuamos em países da América Latina e nos EUA. Já atendemos 40 das 100 maiores empresas do Brasil e apoiamos nossos clientes na captação de milhões para seus negócios, no lançamento de novos produtos e serviços.

Desenvolver a habilidade de comunicação também mudou a minha história e percepção do mundo **de um jeito que eu nem imaginava.**

Por muito tempo, eu me rotulei como uma pessoa reservada. E de fato, uma parte minha é nerd: gosto de ler, refletir, escrever... mas também amo conversar, compartilhar ideias e estar sob os holofotes. Quando olho para trás, ao longo da minha história, sempre tive o desejo de que meu trabalho fosse visto, reconhecido e valorizado. Percebi muito cedo a importância de colocar minha voz para jogo e ser ouvida.

Você já reparou como alguns fatos simples do dia a dia vão construindo caminhos e provocando decisões que definem nossas vidas? E como, às vezes, uma palavra de alguém, uma emoção repentina, um dilema, um trauma, uma faísca que acende a alma, nos empurra a escolhas que mudam tudo? Preste atenção no que eu vou falar agora: esse ponto de virada pode estar em uma apresentação.

Aos dezessete anos, participei de um concurso de redação na escola, em que seria escolhido o orador da turma de formatura. Decidi concorrer com um texto anônimo e adivinha quem foi a ganhadora? Pois é. A professora, então, revelou meu nome aos demais alunos e me pediu para ler o discurso em voz alta na frente dos colegas. Senti meu coração disparar como se um tambor batucasse no meu peito. A cabeça zonza e aquele misto de ansiedade e empolgação fizeram a minha voz ficar embargada. As mãos tremiam e o papel balançava.

No meio da leitura, comecei a chorar de tão nervosa. Meus colegas, todos adolescentes como eu, caíram na risada. Morri de vergonha, e a professora, com olhar de reprovação, disse que eu precisava treinar se quisesse discursar no dia da formatura.

Então eu treinei, sem imaginar que, naquele dia, eu daria meu primeiro passo rumo ao que se tornaria minha missão de vida. Na frente do espelho, li meu discurso dezenas de vezes, mudando a entonação, as expressões faciais e até calculando os momentos de pausas dramáticas.

Nunca me passou pela cabeça que, daquele tropeço, nasceria minha paixão por falar em público. Muito menos que, anos depois, eu me tornaria treinadora de speakers; uma profissão que, naquela época, eu nem sabia que existia.

De lá pra cá, *muuuita* água passou debaixo da ponte. Já perdi a conta de quantas apresentações fiz, quantas palestras ministrei ou quantas vezes preparei outras pessoas para estar no palco. Ainda sinto frio na barriga antes de grandes eventos, com públicos maiores, mas aprendi a ter domínio emocional e usar as técnicas de comunicação aqui descritas para transmitir a imagem que desejo. Hoje, sou muito mais confiante e consigo estar no momento presente, mantendo a concentração em vez de me perder em pensamentos negativos.

Escrevo este livro partindo da sabedoria do empenho, que só vem com o trabalho e a busca por maneiras de melhorar. **A vontade é o primeiro ingrediente para desenvolver uma nova habilidade.**

Quero fazer um convite a você: ao longo da leitura, repense os rótulos que você ou alguém "colou na sua testa": tímido, boazinha, simpático, dramática... Eles não definem você; sua história e o modo como você aproveitou as oportunidades de se conectar com o mundo é que gritam sobre você.

Ao longo da jornada da vida, nós passamos por transformações, mas a essência se mantém. E é justamente essa travessia, repleta de erros e acertos, técnicas, práticas, aprendizados e experiências, que decidi compartilhar com vocês por meio deste livro.

Para receber você nesta jornada, convidei alguns clientes para dizer, ao longo do livro, como o conhecimento adquirido pôde ajudá-los a colocar a própria voz para jogo.

Apesar de a opinião das pessoas afetarem o que pensamos sobre nós, é preciso acreditar no **seu valor e capacidade para cumprir seu propósito.**

Valorize sua história, ocupe seu lugar e faça jus a ele.

Em algum momento você já se sentiu inadequado para estar "na sala", mesmo quando a nossa própria história diz o quanto merecemos ocupar aquele espaço?

Apesar de todos os feitos e conquistas ao longo da jornada, a insegurança sabota muitos de nós na hora de estar em evidência e ser NOTÁVEL em uma situação de apresentação.

Isso é mais comum do que você imagina e acontece porque muitas pessoas estabelecem um alto nível de exigência e perfeccionismo que sabota a comunicação em momentos decisivos. E, às vezes, as crenças limitantes são tão profundas e inconscientes que sequer é possível percebê-las.

Mais do que falar com confiança, é preciso se tornar uma pessoa confiante. E pra isso, é essencial ter CORAGEM.

Pare de querer parecer perfeito ou esperar que um dia alguém descubra você ali no "cantinho da sala", dê o devido valor ao seu trabalho e revele ao mundo quem você é.

Li certa vez que "para ser encontrado, é preciso ser encontrável". Da mesma forma, para ser visto, primeiro você precisa se tornar uma pessoa que acredita na relevância do que vai compartilhar, que contribui para a criação de novas realidades e se torna cada vez mais importante nos ambientes que frequenta.

Tornar-se notável é aprender a se comunicar de forma estratégica, potente e autêntica. Você pode contribuir para melhorar a própria vida e a das pessoas que o cercam. E, para isso, a coragem de compartilhar seu conhecimento e visão de mundo é essencial, sem se deixar paralisar pelo julgamento dos outros.

Acredite **em você.**

O que você tem a dizer importa.

Você é capaz de se comunicar com excelência.

Você pode vender ideias e projetos do seu jeito e até se expor de maneira estratégica nas redes sociais.

Você pode estar onde quiser e contribuir com os seus talentos na área que escolher.

Acredite em mim.

É possível transformar vulnerabilidades em potências.

Você pode encontrar a sua voz e falar com confiança e leveza. Mostre seu trabalho, enxergue o valor da sua própria história e fortaleça sua marca pessoal.

A história que eu vivi me torna única, assim como a sua torna você único. Vou mostrar como costurá-la, conectando ideias, emoções e cenários, ponto a ponto, para fortalecer sua confiança e melhorar sua comunicação em situações desafiadoras.

Desfrute desta leitura e entre **com mente e coração abertos!**

As experiências contidas aqui vão fazer você enxergar novos caminhos para os seus próprios desafios.

* A COMUNICAÇÃO DO AGORA

Preparei duas líderes para se apresentarem em uma convenção de vendas de uma das maiores indústrias do mundo. Além das centenas de pessoas que acompanhavam a palestra presencialmente, três câmeras de estúdio gravavam e transmitiam a apresentação ao vivo. Detalhe: eram duas brasileiras se apresentando em espanhol, língua materna da maior parte do público. Já se imaginou nessa situação?

Desafio ou oportunidade? Eu diria que os dois.

Uma delas queria gravar a apresentação para depois editar e tirar as imperfeições. Assim, apenas o vídeo seria exibido durante o evento, com uma fala impecável. Mas a outra apresentadora insistiu pelo ao vivo. Ela acreditava que o discurso soaria mais natural.

Convencidas por mim, ambas toparam fazer ao vivo. Treinamos e, no dia seguinte, elas foram colocar sua voz no mundo.

Em 30 minutos, apresentaram-se com excelência, naturalidade, e leveza, mesmo com um conteúdo recheado de números.

Há beleza na naturalidade, mas ela requer coragem, **porque exige enfrentar o risco e a exposição.**

A boa notícia é que sua angústia e frustração têm cura.

Este guia **traz o caminho das pedras** também para você aproveitar as oportunidades do dia a dia e mostrar sua voz.

A oratória do agora **valoriza a espontaneidade**. Precisa ser **real, concisa e fácil** de ser compreendida. É a comunicação que conecta **mentes e corações.**

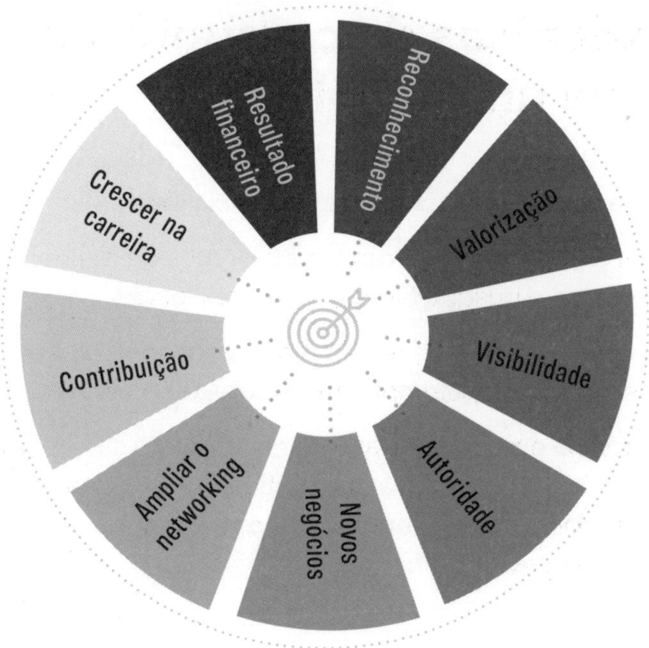

Você tem uma oportunidade em mãos, todos os dias, a cada conversa, a cada post nas redes sociais, a cada microapresentação que você faz numa reunião online, em um evento, em um jantar... É a chance de vender seu peixe.

Quanto mais você se dedicar, melhores serão os seus resultados. Curiosamente, o esforço e a experiência ajudam a tornar sua fala mais natural aos olhos e ouvidos do seu público. É por isso que você acredita que seu colega improvisou o discurso sobre a empresa dele ou sobre os projetos em andamento.

Na grande maioria das vezes, não foi improviso! As pessoas fizeram o dever de casa (pensaram o que falar), mas fazem soar despretensioso na hora da conversa.

Ser natural é diferente de improvisar. É preciso agir corajosamente e usar as **técnicas de comunicação de um jeito intencional.**

Qual narrativa você constrói sobre a sua vida?

Abrace suas forças e enfrente seus pontos de melhoria. Encare cada um deles e busque lapidar suas habilidades.

Você verá que todas as técnicas aqui têm como base a ciência, vivências, mas principalmente, resultados de clientes.

Inteligência emocional e autoconhecimento são **peças-chave** para melhorar a comunicação na prática. Deixando de lado caixas e a necessidade de caber nelas, você vai poder encontrar a sua própria voz e relevância.

Ler será divertido e revelador. Ninguém consegue melhorar aquilo que nem sabe que é um problema, concorda? Por isso, o autoconhecimento é essencial para sua evolução.

* DIVIRTA-SE E CHAME OS AMIGOS

Conversas 1 a 1 são as minhas favoritas, porque consigo olhar nos olhos, observar as nuances da linguagem corporal, caras e bocas e, assim, conhecer a pessoa melhor, sem distrações. Posso fazer perguntas e observar de perto as reações e as respostas.

> Quero que você se sinta conectado a mim **enquanto lê as minhas palavras aqui.**

Depois de terminar meu devocional desta manhã, fui despertar minhas meninas, Luiza e Letícia, com um beijo de bom dia, me despedi do meu marido, que saiu apressado para uma reunião, e comecei meu dia de trabalho com a primeira sessão de mentoria no escritório aqui em casa.

Desenvolver a habilidade de comunicação das pessoas é tão incrível quanto ver os filhos pronunciarem as primeiras palavras. Quem convive com as minhas meninas sempre elogia como elas têm um vocabulário rico e uma capacidade excelente de argumentação. Sempre ensinei que gritar e chorar não resolve, que é preciso expressar com as palavras o que querem, assim serão compreendidas.

E a verdade é que muitos adultos esbravejam e gritam, porque ainda não aprenderam a usar sua voz de modo eficaz.

E, claro, nas devidas proporções, ao apoiar o desenvolvimento da habilidade de comunicação de um profissional, percebo quantas áreas da vida se destravam, depois que a pessoa aprende a se posicionar objetivamente.

Sou mineira de nascimento e coração e, há quase 20 anos, paulistana por opção. Como jornalista, aprendi a transformar o complicado em mensagens claras e simples. E, em especial, a ouvir as pessoas e as deixá-las mais à vontade, porque o mais importante, muitas vezes, está nas entrelinhas. Essa habilidade me levou das redações de TV à construção de discursos para líderes e CEOs, agora, com o propósito de influenciar e potencializar o resultado de grandes empresas.

Para preparar profissionais de tanto destaque, também precisei antes passar pelo meu próprio processo. Cada experiência me moldou como uma espada na forja: a fornalha ardente dos desafios de empreender, os golpes de muitos "nãos" a cada potencial cliente prospectado, a pandemia sufocante no meio do caminho, o polimento no mestrado sobre os *TED Talks*, e, claro, a confiança em Deus como fonte de água viva para fortalecimento interior.

Acredito que cada pessoa tem seu próprio processo para descobrir o brilho único para, assim, estarmos prontos para enfrentar o mundo com mais clareza, confiança e propósito.

Minha missão é despertar a confiança das pessoas na **própria voz para que acelerem suas carreiras e negócios.**

Nosso valor é construído pelo processo, não pelo ponto de partida. Já são mais de 15 anos preparando pessoas para momentos decisivos de apresentações, reuniões e conversas estratégicas.

A comunicação é essencial para destravar todo o nosso potencial, e ter uma rede de contatos amplia o nosso olhar sobre o mundo e nós mesmos.

Foi por meio da minha **rede de conexões** que conheci Sari Bonenkamp e a convidei para uma participação especial neste livro.

Ela foi indicada por um cliente, CEO de uma grande empresa em São Paulo, e Sari estava se preparando para fazer uma palestra em um dos maiores bancos do país.

Além da afinidade que a própria maternidade criou entre nós, desde o princípio saltou aos meus olhos também o quanto nossos valores e visão sobre comunicação eram parecidos, e o quanto as atuações profissionais e personalidades eram complementares.

A comunicação serve para influenciar e nos conectar às pessoas, por isso, no último capítulo, Sari vai mostrar como é importante compor sua rede de contatos.

Escolher como investir nosso **tempo** é uma decisão importante. Fui sucinta no livro para garantir que o mais relevante para você estivesse aqui. Aproveite ao máximo as técnicas e aprenda a **se comunicar com confiança** e **criar conexões reais e estratégicas**. Vem colocar sua voz pra jogo!

ALESSANDRA BRAGA DE MIRANDA

Expert em oratória e fundadora da All Presentations

PASSADO
- A BASE DE TUDO

CAPÍTULO 1:

TUDO O QUE VIVEMOS **ATÉ AQUI**

ALESSANDRA BRAGA DE MIRANDA

SUA **VOZ** PRA JOGO

"Não dá para ligar os pontos olhando para a frente, você os liga olhando para trás. Então, você tem de confiar que os pontos se ligarão algum dia em seu futuro."
Steve Jobs

Você deve ter uma foto favorita no seu porta-retrato em casa. Qual é a história por trás dela?

Aqui também tenho. É a foto de uma viagem inesquecível para a Espanha que fiz com o meu digníssimo marido e é muito significativa para mim. Nós dois no Parque Güell, em Barcelona.

O parque é uma obra de arte ao ar livre feita de **cacos de azulejos e outras peças de reuso** que Gaudí transformou em arte. É impressionante como a combinação de cada peça tornou o lugar tão lindo.

A foto serve para me lembrar todos os dias o quanto nossa vida também é um mosaico colorido feito de fragmentos: histórias, fases, memórias.

A beleza está, justamente, na junção única de cada fragmento das nossas histórias, **sejam elas felizes ou não.**

E você? Como enxerga cada uma das partes da sua vida e as entrelaça?

Acredite: seus sentimentos, repertório, valores, crenças e experiências podem interferir na venda de um projeto profissional, da mesma forma que seu tipo de trabalho vai afetar na imagem que as pessoas têm sobre você nas suas relações pessoais. Uma composição de fragmentos, retalhos, histórias que compõem quem você é.

Boa parte de nós tem uma vida digna de se transformar em roteiro de Hollywood! Romance, aventura, comédia, drama e, quem sabe, até terror em alguns momentos.

Só é preciso se debruçar sobre as suas histórias, refletir e lançar um olhar generoso para os **momentos e transformações que você viveu ao longo da vida.**

A pessoa que VOCÊ é hoje é o reflexo das suas vivências, e o modo como você as conta, sem dúvida, pode ajudar você a projetar a **imagem que deseja, alcançar seus objetivos e conectar** mais com as pessoas. Tudo o que você compartilha diz muito a seu respeito e constrói uma imagem sobre você.

Relembrar suas histórias fortalece sua autoestima e mantém na ponta da língua os melhores casos para você contar naquele jantar na casa de amigos, no happy hour ou enquanto toma o café descontraído com um colega de trabalho.

Em todos esses momentos, você sempre pode ser intencional e genuíno ao escolher compartilhar aquilo que favorece a imagem que você quer que as pessoas tenham a seu respeito.

O storytelling, ou a arte de contar histórias, pode ser usado tanto a favor da sua marca pessoal, como na **condução de apresentações estratégicas e profissionais.**

Aqui neste capítulo, falamos mais sobre o primeiro ponto e nos próximos vamos falar de como você pode fazer isso nas suas apresentações técnicas do dia a dia.

Preste atenção: vou ensinar você a criar o seu próprio **storytelling pessoal e poderoso** e, para isso, vou exemplificar com minha história. Eu **aprendo muito quando vejo exemplos**, por isso, usei aqui o método do storytelling, que, aliás, é uma contribuição poderosa na oratória contemporânea, se você sabe usar bem. Assim, você observa a técnica aplicada, identifica o que gosta e o que faz sentido aplicar na sua vida.

Quer testar?

Quando me mudei para São Paulo, aos 24 anos, trabalhei em agências de publicidade e de apresentações corporativas. Foi quando me tornei roteirista e escrevia o discurso de apresentações decisivas de executivos de grandes empresas. Minha tarefa era organizar, filtrar o mais importante e trazer as ideias que estavam na mente das pessoas para o papel.

Gosto do jeito que o artista Michelangelo definiu seu ofício e pego emprestado aqui:

"Não faço esculturas; na verdade, elas sempre estiveram lá. Eu apenas retiro os excessos."

Era o que eu fazia como roteirista de apresentações: eliminava todo o excesso para que a mensagem central pudesse ser contemplada e o apresentador conquistasse o objetivo de encantar, engajar e se conectar com a audiência.

Storytelling é uma técnica que, por meio de histórias, incute mensagens na mente das pessoas **e divulga ideias para mobilizar o público em prol de um objetivo.**

Se você souber usar seu conhecimento, o storytelling vai ajudar a gerar compreensão e fazer com que pessoas se conectem emocionalmente com o que você diz.

Isso vale para manter a harmonia nas tensas reuniões de resultados, para uma conversa rápida com um potencial cliente ou para fortalecer sua autoconfiança ao contar sua própria história de vida.

Apesar de gostar do meu trabalho como roteirista na agência, com o passar dos anos comecei a me sentir desconfortável com o modelo de gestão e horários pouco flexíveis. Eu me sentia sem autonomia também no método de trabalho. Eu ensinava as técnicas de oratória, mas sempre acreditei também na importância de olhar o lado emocional do(a) apresentador(a) e despertar a confiança de cada profissional em sua própria voz. Queria sair do mundo comum de diquinhas superficiais e trabalhar a segurança das pessoas de um jeito mais completo.

Em paralelo a essa insatisfação, brotava em mim o **desejo de ser mãe** e uma inquietação angustiante. Eu queria ser daquelas mães que conseguem levar no balé, buscar na escola, dar um beijo de bom dia quando a filha acorda e, **ainda assim, continuar a trabalhar,** sem abrir mão da carreira.

Maluquice para quem vive em São Paulo e exerce uma função sem flexibilidade, eu sei, mas sonho é sonho, e a minha **motivação** eram a maternidade, a ambição de comprar uma casa grande e, um dia, viajar para Paris.

Além disso, você e eu sabemos que o mundo corporativo pode ser muito difícil para quem deseja uma rotina mais flexível. Eu tinha um ideal, mas nenhuma ideia de como alcançá-lo.

O que eu fiz? Orei e me mexi. Fui ler, pesquisar, conversar com pessoas. O **movimento nos tira do lugar-comum**. Depois disso, senti que Deus abriu meus olhos para as oportunidades.

Era preciso sair dos bastidores, eu precisava ser vista, reconhecida e valorizada.

Foi quando passei a observar **duas consultoras** que eram treinadoras de speakers muito respeitadas onde eu trabalhava. Elas faziam os próprios horários, ganhavam em um dia o que eu levava o mês inteiro para conseguir, tinham o crivo do mestrado e formações que também davam a elas respaldo no meio corporativo. Quando entravam na agência, pareciam caminhar em câmera lenta; confiantes e bem-vestidas, as pessoas falavam com elas com toda reverência. As duas sempre tinham algum aprendizado novo para compartilhar do último curso internacional que fizeram, eram valorizadas e bem remuneradas.

Enxerguei um caminho ali. E se eu me tornasse uma treinadora de speakers como elas? A ideia era incrível, mas eu não me sentia pronta. Era preciso construir essa nova vida.

O primeiro passo foi criar coragem para conduzir meu primeiro workshop de oratória.

De roteirista, me desenvolvi e passei a ser instrutora na empresa em que eu trabalhava, conduzindo treinamentos *in company* em grandes empresas. Mas, cá entre nós, estar diante de 40 pessoas em um workshop dentro de multinacionais não é tarefa para quem tem estômago fraco.

Lembro-me da véspera do meu primeiro workshop.

A ansiedade me tirou o sono, e os pensamentos estavam a mil. Quando amanheceu, comecei a imaginar como seria "bom" se algo acontecesse para eu não ter que ir ministrar aquele treinamento. E se eu quebrasse a perna? E se o trânsito da cidade de São Paulo parasse completamente e eu não conseguisse sair de casa de jeito nenhum?

Eu queria o holofote e tudo o que isso poderia me trazer, mas temia o julgamento. Aposto que você já teve um sentimento parecido.

Meu marido me fez voltar à lucidez quando perguntou: "O que você vai ganhar se for?". Até aquele ponto, eu só havia pensado nas "vantagens" de não ir, sem considerar os ganhos reais que eu havia contemplado lá no início. Então me lembrei do que me motivava: a perspectiva de uma carreira nova, crescimento profissional e financeiro, reconhecimento, liberdade... e lá fui eu!

A satisfação de estar em cena, ver que as pessoas prestavam atenção, anotavam, me procuraram no final para agradecer, tirar dúvidas... Foi meu **ponto de virada.**

O alívio e a esperança de que havia descoberto o caminho me tomaram por inteira e **desenvolver minha comunicação foi essencial para abrir um portal de oportunidades**.

À medida que exercia meu trabalho, ganhava prática, experiência, gerava resultados e colecionava histórias para contar. Até que **a falta de confiança bateu forte, porque eu acreditava que me faltava o "carimbo" formal.**

Eu já sonhava em empreender, mas criar uma empresa do zero e concorrer com as mais antigas do mercado parecia um passo maior do que a perna. Na minha cabeça, o que faria a diferença seria ter o mestrado e outras formações como a chancela final para me credenciar a criar minha própria empresa.

Hoje, eu vejo que isso foi mais uma validação psicológica para fortalecer minha autoconfiança e gerar credibilidade.

Lá atrás, eu queria me especializar, mas pensava nos obstáculos: a mensalidade cara, as aulas no horário de trabalho, a disputa acirrada para conseguir a vaga, mas decidi arriscar, mesmo com o coração na mão. Fiz meu projeto de pesquisa, me inscrevi na seleção, fui aprovada de primeira e comecei meu mestrado em linguística aplicada na PUC/SP.

Como nada acontece ao acaso, aquele foi meu último ano na agência. Passei a dividir meu tempo entre o mestrado e empreender com a minha própria consultoria.

Eram em média 12 horas de trabalho solitário na All Presentations todos os dias, 7 dias por semana, sem salário, apenas investindo 100% das nossas economias e mirando em um resultado sem nenhuma garantia. Passava as tardes com o notebook no colo, sentada no sofá do nosso apartamento de 46 metros quadrados, sonhando (e trabalhando) por uma vida melhor.

Durante um ano e meio, eu me dediquei silenciosamente à criação da minha própria empresa de treinamentos em comunicação e apresentações corporativas. O medo de dar errado sempre me cercou, mas foi em 2016 que oficialmente, colocamos o "carro na avenida" e lançamos a All Presentations.

Mais de uma década de trabalho depois, compartilho com você as histórias e técnicas reunidas ao longo deste livro, resultado da experiência com centenas de clientes das maiores empresas do Brasil.

Em paralelo, concluí minha pesquisa de mestrado, me aprofundando no modelo de palestra dos *TED Talks*. Como parte desse trabalho, fui para Vancouver no período em que o evento foi realizado lá. Analisei várias dessas palestras de sucesso para aprimorar o método da All Presentations, o que me trouxe muitos aprendizados importantes para aplicar à realidade dos nossos clientes depois.

Quando defendi minha dissertação, estava com um barrigão de 8 meses. Luiza, minha filha mais velha, me incentivava com chutinhos na barriga durante a banca. Hoje, tenho **minha recompensa**: consigo estar em casa em grande parte das manhãs com Luiza e Letícia, minha caçula. Posso levá-las à escola, reservar a agenda para assistir apresentações na ginástica artística. Sei que sou privilegiada por conseguir conciliar a maternidade com a alegria de fazer o que amo e que me traz retorno financeiro.

> Quando a gente começa um movimento, **Deus vê nosso esforço, move as águas e faz fluir.**

Eu contei minha história por dois motivos. O primeiro é provocar você a pensar na sua própria trajetória. Ao ler sobre mim, sei que você fez um julgamento a meu respeito e criou uma opinião com base no que contei sobre as minhas vivências.

E você? Quais características e virtudes a sua história revela?

Se nós somos as nossas histórias, chegou a hora de você aprender a eleger, **de forma consciente, o que mostrar e por quê.**

Use uma **linguagem concreta**. Em vez de adjetivos, traga fatos. Isso traz verdade, cor e intimidade à conexão que estamos construindo por meio deste livro, por exemplo. Por isso, mostro caminhos práticos para que você também aprenda a eleger e construir seu pitch pessoal poderoso para, inclusive, fortalecer sua confiança.

Em vez de dizer... "olha como sou resiliente", eu contei uma história que fez você concluir isso a meu respeito.

E o segundo motivo: vou ensinar passos simples e básicos para construir seu discurso pessoal com maestria daqui em diante, seja para vender seu peixe numa próxima reunião, melhorar seu networking ou simplesmente aprender a enxergar o valor que há na sua própria história.

Conheça **4 passos** essenciais para fortalecer sua marca pessoal e usar sua comunicação como uma ferramenta poderosa para isso.

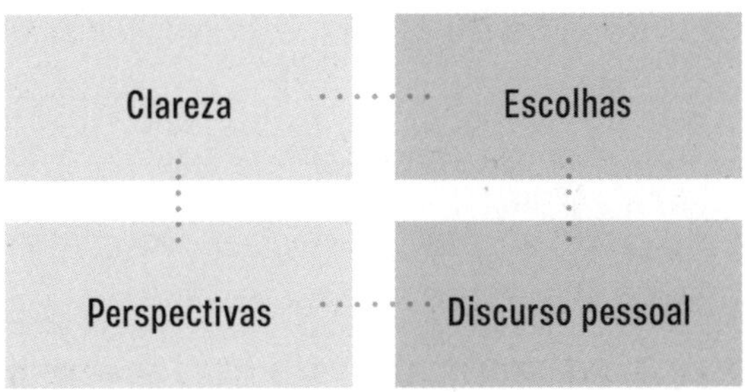

✱ CLAREZA DO QUE QUER

A grande sacada para se comunicar bem é ter um objetivo claro desde o início.

"Não se pode acertar dois alvos com uma flecha só. Se a mente divaga, você não acerta o coração do inimigo. Mente e flecha têm de ser uma só. Apenas com muita concentração mental e física a sua flecha acertará o alvo, bem no coração."

Fonte: *As 48 leis do poder*, Robert Greene

Sabe o que há em comum entre Aristóteles, Jesus Cristo e Sherazade? Todos sabiam muito bem o que buscavam ao fim da "apresentação".

Aristóteles contava histórias para defender suas ideias na pólis; Jesus ensinava amor e salvação por meio de parábolas; e Sherazade, personagem de *As mil e uma noites*, contava histórias para evitar que o rei a matasse, deixando-o sempre curioso para saber o desfecho da história no dia seguinte, como numa novela.

Imagino que você, no seu dia a dia, também tenha que defender suas ideias no trabalho, salvar sua própria pele ou a da sua equipe, ou ainda garantir a sobrevivência do seu negócio.

Preste atenção no que eu vou falar agora: **seja INTENCIONAL na sua comunicação e foque o objetivo.**

O poder de um storytelling consiste na conexão entre:

Histórias genuínas	Mensagem a transmitir	Objetivo

Você já pesquisou seu nome na internet ou usou uma ferramenta de inteligência artificial para isso? Se não, recomendo o exercício. O que aparece nos resultados? Pelo quê você é lembrado?

Normalmente, as pessoas nos veem da forma como nós nos vemos. Se acreditarmos lá no fundo que somos chatos, insignificantes ou desinteressantes, é muito provável que as pessoas também nos percebam assim.

Imagine que marcamos de nos encontrar num café e você chega antes de mim. O cheirinho de bolo e pães quentinhos misturados com café fresco já começam a invadir seus sentidos. A boca fica cheia d'água só de pensar, mas antes, você precisa escolher onde se sentar. Eu, que observo daqui, do outro lado destas páginas, posso julgar você apenas pelo lugar em que você resolve se acomodar e como fala com o atendente. Ao ouvir seu sotaque, suas gírias, as palavras que escolhe, sou capaz de formar uma opinião a seu respeito.

Eu também poderia captar outras impressões por meio da roupa que você escolheu para este encontro comigo ou pelo objeto que você deixa sobre a mesa para demarcar que é sua. Próximo ao balcão, está um homem que, julgando pela aparência, você considera ser um motociclista ao estilo Harley Davidson. Barbudo, grandalhão, alto, roupa preta em couro, caveiras e outras tatuagens nos braços. Ele se senta à mesa, sem tirar os óculos escuros, com cara de poucos amigos enquanto fala alto no celular. De repente, entra na cafeteria uma mulher de quarenta e poucos anos de mãos dadas com uma menininha de uns três. A fisionomia do motociclista muda. A criança se pendura no pescoço dele arrancando os óculos e dá um sorriso ao gritar: "Papai!". Nessa hora, o barbudo começa a falar com voz infantil com a menina. E, em minutos, a impressão inicial que você fazia dele se desfaz, dando lugar a uma nova.

É natural, estamos sempre julgando e sendo julgados pela nossa comunicação. Queira você ou não, já circulam por aí percepções a seu respeito. Resta saber se elas condizem com quem você é de fato. Tomar consciência da sua história pessoal ajuda você a:

- Construir autoridade.
- Ser lembrado e reconhecido.
- Compartilhar seus talentos.
- Fortalecer o networking.
- Usar sua história a favor de um objetivo.

Esta é a importância de ter clareza também da **imagem que deseja projetar**. Quais partes de quem você é você quer mostrar ao mundo?

Vamos praticar:

1. Como você se vê? Escolha duas características que descrevem você.

2. Pergunte a duas pessoas:

"Qual foi a primeira impressão que teve sobre mim ao me ver?"

3. Como você quer ser percebido?

(Respeitando quem você realmente é.)

* APRENDA A ELEGER

Agora que você já sabe quais características genuínas tem e quer projetar ao mundo, é hora de escolher a histórias que provam essas virtudes.

Vamos supor que nos encontramos lá no café imaginário e começamos um bate-papo. Já teve a sensação de ter escolhido as piores frases ou versões dos fatos num encontro profissional que era decisivo?

Seja para uma reunião importante, um jantar de negócios ou mesmo para compartilhar nas redes sociais, aprenda a escolher as histórias que cooperam para o seu objetivo.

"Ah, Alê... mas eu não tenho histórias legais, minha vida é tão sem graça!"

Claro que você tem histórias incríveis. Isso soa ridículo!

Todos nós temos histórias que valem a pena ser contadas, mas **precisamos eleger os aspectos que queremos destacar.**

Ao longo da sua vida, você já chorou, sorriu, se sentiu ansioso, apavorado com situações que vivenciou. O que falta é usar os "prompts" certos para descobri-las.

Mais do que dizer "sou inteligente", conte como entrou na universidade, os cursos internacionais que fez, as dificuldades em aprender as outras línguas que domina, e por aí vai.

Existe um exercício reflexivo chamado **Linha da Vida** que aplico na minha mentoria de comunicação "[Você] Notável". Ele ajuda a relembrar os pontos altos e baixos da sua vida e a tangibilizar suas características marcantes, habilidades, momentos de grande transformação e aprendizados, conflitos e curiosidades.

Recomendo que você tire um momento e reflita sobre suas histórias. Preparei aqui no livro uma versão adaptada para que você possa praticar.

Para facilitar, **escreva em ordem cronológica** e escolha experiências memoráveis a cada **sete anos**.

Gosto de trabalhar com este recorte temporal porque acredito que o número sete tem um significado espiritual e simbólico importante. Na Bíblia, ele aparece diversas vezes, marcando o início e o fim de ciclos ao longo da história.

Então, anote num caderno, no notebook, faça uma lista no celular, não importa. Escrever ajuda a ter clareza.

Você pode usar a próxima página para anotar os marcos da sua história e as respostas das perguntas para guiar sua reflexão.

Período	Fato importante
24 anos	Casamento, mudança para SP e novo emprego

Selecionei algumas perguntas que vão servir de guia:

1. Relembre suas origens, como foi sua infância, a relação com seus pais.

2. O que você precisou enfrentar e o que ainda tem que superar em sua história?

3. O que aprendeu com os momentos difíceis? (mudanças de carreira, chegada de um filho, mudanças de cidade...)

4. Quais meios encontrou para passar pelos obstáculos? Quem ajudou você? Cursos, livros?

5. Quais valores direcionaram suas decisões? (liberdade, justiça, autonomia...)

6. Como suas histórias levaram você ao que faz hoje?

7. Quais talentos e quais habilidades desenvolveu na jornada?

8. Suas histórias, na maior parte do tempo, são de terror, comédia, romance? Que emoções você desperta nas pessoas?

9. Que transformações aconteceram na sua vida que aproximaram você das pessoas?

10. Por qual mensagem central você gostaria que sua história fosse lembrada?

Escolha **5 das suas melhores histórias** que refletem essas características.

Como foi relembrar essas histórias? Alguma delas fez você rir, deixou você emocionado ou fez enxergar algo novo? Guarde-as para usar no meio de uma apresentação e quebrar o gelo na reunião, em um café com um potencial cliente ou para fortalecer sua marca nas redes sociais.

Lembre-se de que dentro de você já existe um biógrafo excepcional que é o seu inconsciente. Ele está registrando cada experiência que marca a sua trajetória, atribuindo significados a elas.

Quando você se torna consciente dos momentos importantes, transformadores e conflitantes da sua história, tem a chance de **usá-los de modo intencional na construção de seu protagonismo.**

A partir do momento em que você escolhe o que deseja mostrar ao mundo, fica mais fácil e prático deixar isso evidente por meio de suas histórias, posturas, imagem, modo de se vestir, escrever, no seu tom de voz etc.

Mostre fatos, desperte emoções e faça com que as pessoas cheguem até a sua essência. É muito mais poderoso!

Mas atenção: fingir, maquiar, distorcer ou alterar a realidade não leva ninguém longe. É preciso escolher o que realmente merece ser compartilhado e fazer isso de modo transparente, sem ludibriar ou manipular ninguém. Nunca menospreze a capacidade da sua audiência.

* VEJA A SUA HISTÓRIA POR OUTRO ÂNGULO

Sabe aquelas fábulas infantis? Histórias que no final sempre têm uma moral, um aprendizado? Acredito que nossa vida é repleta de fábulas como essas, com significados infinitos que vão se modificando à medida que ganhamos maturidade.

O importante é que seja você quem dá o significado para as suas histórias. Conte a sua versão dos fatos, mencionando pontos de aprendizado, crescimento e conquistas.

Tome cuidado para não soar campeão invicto o tempo inteiro; isso é uma grande armadilha. Dores e problemas aparecem para todos e são deles que nascem as nossas maiores virtudes. **Tudo depende da forma como olhamos para os acontecimentos e os novos significados que damos a eles.**

Sabe o que eu considero mais difícil nas redes sociais? Passar pelo processo de aprendizado de uso da ferramenta enquanto todo mundo está vendo.

É preciso lidar com as nossas imperfeições na frente da audiência. Ter a coragem de errar na live, de fazer um vídeo meio "engessado", pensar mil vezes se o que tem para falar é realmente útil... Por isso, as redes sociais são motivo de tantas crises de ansiedade entre as pessoas.

Elas expõem quem somos, nos colocam vulneráveis ao julgamento dos outros e, principalmente, instigam você a olhar para o lado e se comparar de um jeito perigoso. É óbvio que, se você persevera, a evolução aparece e, melhor, fica registrada.

O que é essa tal de autenticidade na comunicação que tanto falam por aí? É a coragem de deixar que vejam você como é.

Eu mesma, quando comparo meus primeiros vídeos aos mais atuais, fico feliz. Por isso, faço questão de deixar os antigos lá para inspirar você e me motivar também.

Se você "passear" pelo meu feed, verá uma nítida transformação em imagem, narrativa e modo de comunicar minha mensagem. Estamos todos "em obras", evoluindo com o passar do tempo.

A espontaneidade é valiosa, e nossa atuação nas redes é como uma janela para a nossa rotina. Você há de concordar que é natural do ser humano a curiosidade sobre a vida alheia; está aí a internet que não nos deixa mentir. A Fifi que mora em mim saúda a Fifi que mora em você!

Esta é a importância de trazer nossa versão real, mas com recortes estratégicos e honestos. Isso pode tornar você alguém notável, original e influenciar os outros a serem também.

Atualmente, quando quero me conectar com as pessoas e quebrar o gelo, seja online ou numa reunião de trabalho costumo falar de:

- Viagens
- Cursos e aprendizados
- Séries e filmes
- Autocuidado
- Família e maternidade
- O dia a dia como empreendedora
- As múltiplas versões deste livro
- O que fazer para melhorar a comunicação das pessoas

E você?

Do que pode falar?

* CONSTRUA SEU DISCURSO PESSOAL

Agora que você já mapeou tudo isso, pense se existem outras formas de entender, costurar e descrever suas histórias. Sem jogar fora nenhuma parte sua, é importante conseguir olhar para os fatos de ângulos diferentes, comemorando os aprendizados diários, sempre mirando no objetivo principal.

Volte duas casas: repare como a história que contei contém os elementos descritos a seguir. Aliás, deixei esses trechos em negrito, justamente para você identificar com facilidade e se espelhar na hora de escrever sua própria história.

Para ficar mais prático, preparei um diagrama para você construir seu pitch pessoal com base em uma versão simplificada da Jornada do Herói, a estrutura básica de storytelling que costumo usar na hora de construir apresentações para meus clientes.

1. **Eu vim de (origens/mundo comum)**

2. E o que me motivou sempre foi

3. Porque eu sonhava com

4. Mas sempre acreditei que

5. Precisei enfrentar obstáculos para chegar até aqui, como:

6. E encontrei meios para superar (pessoas, cursos, mentores...), como:

7. E usei alguns dos meus talentos, como

8. Para enfrentar momentos que foram divisores de águas, como

9. O que faço hoje se conecta com a minha história, porque

10. E me aproxima das pessoas, porque

11. A minha maior recompensa hoje é

12. Quando as pessoas escutam essa história, sentem

Neste capítulo, falamos mais sobre o primeiro ponto. A seguir, vamos falar de **como você pode fazer isso nas suas apresentações técnicas e corporativas no dia a dia.**

O storytelling pode ser usado tanto a favor da sua marca pessoal, como na condução **de apresentações estratégicas e profissionais.**

CAPÍTULO 2:

USE SEU **REPERTÓRIO**

ALESSANDRA BRAGA DE MIRANDA

SUA VOZ PRA JOGO

Seja estranho. Seja aleatório. Seja quem você é,
porque você nunca sabe quem amaria a pessoa
que você esconde.
C.S.Lewis

Talvez você não saiba, mas em um programa de TV, um dos profissionais mais importantes é o produtor. É ele quem "carrega o piano", quem pesquisa e garante a presença dos melhores entrevistados e se dedica até conseguir informações suficientes para fazer a matéria acontecer. E o meu primeiro emprego no jornalismo foi qual? Produtora (claro!) de um programa de entrevistas ao vivo.

Eu tinha a missão diária de encontrar entrevistados INCRÍVEIS. Pessoas como o homem que foi eletrocutado pelos fios do poste e não morreu. Detalhe: ele perdeu parte das costelas e dava para ver no peito o coração dele batendo. Ou um homem que estava no necrotério após um acidente de carro e acordou falando o número de seu telefone (uma loucura!). Aprendi muito nesse emprego, porque a vida de produtora de programa de TV me fez buscar e conhecer muitas histórias interessantes.

Hoje, sei que todas as nossas vivências podem se tornar ideias úteis quando a gente menos espera. O matemático Hans Rosling, por exemplo, usou caixas organizadoras de plástico, dessas que usamos para guardar documentos, como um recurso visual de uma palestra para explicar sobre crescimento populacional no mundo. A cada novo salto populacional ele colocava uma caixa gigante sobre uma mesa e, ao final da apresentação, estava soterrado de caixas, o que simbolizava quanta gente teremos no mundo em breve e a falta de recursos para suprir as necessidades.

Assim como a curiosidade é um ingrediente fundamental para sermos criativos, acredito que **a coragem é peça essencial para sermos autênticos.**

O seu lado sério, engraçado ou mesmo esquisito é valioso, e o que nos torna únicos são justamente nossas experiências, interesses, conhecimentos. As experiências em diferentes núcleos da vida fazem parte de quem você é. A sua história vai além do seu currículo.

Minha irmã é arquiteta e apaixonada por música. Tenho uma cliente que é economista, mas é triatleta e pedala pelo mundo; outro que é contador, mas foi de moto atravessar o Deserto do Atacama com os amigos. Você pode ter muitas paixões. Por que abdicar ou esconder partes de quem você é, ainda que pareça não haver conexão entre elas? Como diria Austin Kleon, "o que está conectando tudo é você".

E você? O que te torna único? Vou dar meu exemplo e talvez isso ajude você a encontrar o seu lado único.

Sempre gostei de ler poesias, ser capaz de ler as entrelinhas, ver como as palavras tocam as emoções das pessoas, refletir sobre o que o poeta realmente quis dizer em cada estrofe, a musicalidade das rimas...

Mas o que isso tem a ver com meu trabalho? Tudo! Afinal, desenvolver a habilidade de comunicação das pessoas vai além das técnicas de oratória (postura, gestual, voz), porque é nas entrelinhas das pessoas (os bloqueios, as inseguranças, os sabotadores, as intenções) que são reveladas nuances, de modo indireto, e cabe a mim perceber isso nas expressões faciais, palavras escolhidas, gestual, postura... para que o resultado e a transformação aconteçam.

Quando converso com cada cliente para melhorar a sua comunicação ou enfrentar o desafio de falar em público, mais do que técnicas e regras, observo o jeito de cada um, a escolha das palavras, suas expressões faciais, o quanto aquela apresentação o afeta emocionalmente. Quando ouvimos as pessoas com atenção, elas abrem o coração e isso nos permite atuar de modo mais certeiro.

Meu propósito é ensinar você a brilhar sendo quem é, mesmo **se estiver diante de um público grande e desconhecido.**

Para mim, comunicação é uma arte. E é expressando minha arte no mundo, lapidando a habilidade de comunicação de cada pessoa, que eu deixo o meu toque autêntico e criativo por aí.

Quer descobrir o seu jeito de deixar sua marca e ter uma comunicação magnética? Prepare-se para os próximos passos.

✱ COMO SER AUTÊNTICO E CRIATIVO NUMA APRESENTAÇÃO?

A maioria das pessoas que eu atendo tem um bom raciocínio lógico. São líderes conceituados, experientes e muito diretos ao se comunicar. E há força em um discurso objetivo e conciso, mas também há situações que exigem um toque de criatividade. Então, vou contar uma história para provocar sua mente.

Há alguns anos desenvolvi a apresentação da Moema, fundadora da Moema Wertheimer Arquitetura. Ela ia palestrar no evento *High Design*, que acontece em São Paulo, e queria mostrar seu *case* sobre a reformulação do hall da FIESP, um dos prédios mais icônicos de São Paulo.

O prédio é atemporal e teve o toque de grandes arquitetos, como Rino Levi e Paulo Mendes, também de artistas, como o paisagista Burle Marx. A missão de Moema era trazer nova alma para o espaço, respeitando o legado desses grandes profissionais. Resultado: mais de 5 mil metros quadrados formados por galeria de fotos, uma exposição permanente e um acolhedor café com os jardins de Burle Marx ao fundo. Um verdadeiro oásis em plena Paulista.

Como trazer a essência desse lugar para a palestra do evento? O público era de potenciais clientes e concorrentes. Como na maioria das apresentações desse setor, a ideia inicial era mostrar somente o antes e depois. Mas a Moema é uma pessoa arrojada e me deu carta branca para propor um jeito novo de estruturar as mensagens.

Na época, eu ainda atuava como roteirista na All Presentations e fui até o local para conhecer e me inspirar para escrever. Precisava sentir e entender a essência do trabalho traduzida na estrutura e traços daquele ambiente. Olhava para as luminárias que parecem flutuar e para os painéis de Burle Marx quando, num lapso, um feixe de luz natural invadiu a mesa onde eu tomava meu chocolate quente. Fiquei encantada! E neste momento, lembrei-me de um poema:

"... a importância de uma coisa não se mede com fita métrica nem com balanças nem barômetros etc. A importância de uma coisa há que ser medida pelo encantamento que a coisa produza em nós."

Manoel de Barros

Então, a palestra começou com a seguinte pergunta:

Qual a relação entre arquitetura e poesia?

As ligações são muitas, já que ambos envolvem cultura, arte e encantamento. Mas, para explicar melhor, ela compartilhou um trecho do poema de Manoel de Barros que dizia:

"A expressão reta não sonha. Não uso o traço acostumado. O olho vê. A lembrança revê. E a imaginação transvê. É possível transver o mundo."

A palavra transver nem mesmo existe no dicionário formal. Foi Manoel de Barros quem a inventou, mas ela define perfeitamente o trabalho de Moema. Observar, enxergar possibilidades, lapidar, transformar e criar novos ambientes, novas realidades e sensações. Enquanto o poeta é artesão das palavras, o arquiteto é artesão dos espaços. E Moema e seu time são especialistas em transver ambientes e em criar transformações inovadoras, independentemente do setor de atuação. Assim nasceu a palestra "Uma arquitetura que transvê o mundo".

Acredito que todos nós somos seres criativos, não importa a profissão que escolhemos seguir como carreira ou os hobbies que optamos por inserir em nossas rotinas.

Ser criativo é uma forma de estar no mundo, porque mostra como você transforma **o seu repertório em algo útil, interessante e presente.**

Ativei o meu lado jornalista e fiz uma entrevista com Moema regada a boas risadas e insights poéticos. Durante o papo, ela me contou seu processo criativo, que compartilho aqui e que pode inspirar você.

Moema, o que aguça a sua criatividade?

Desde menina, eu sempre viajei muito. Meu pai era piloto de avião e, como tinha preços mais acessíveis na passagem aérea, conheci muitos lugares. Também o fato de minha mãe ser suíça me garantiu boas férias, natal, carnaval, sempre por lá. Entre uma celebração e outra, eu aproveitava para conhecer a Europa. E a cada viagem, fui colecionando memórias, referências visuais, formas novas de enxergar a arquitetura. Fui construindo o meu repertório e sigo renovando-o.

O que você faz para manter viva a memória dos lugares que visita?

Observo com atenção para estar com a mente 100% presente a cada passeio. Gosto de apreciar as cidades, mas também de vivenciar a rotina local, reparar no comportamento das pessoas. A forma como se comportam, interagem com os ambientes. Observar, sentir e fotografar. Nos museus que visito, sempre pego os folders, anoto os estilos e referências de outros artistas.

E como esse repertório é acionado por você em suas criações?

Costumo criar pastas temáticas. Hoje, as pessoas usam o Pinterest, por exemplo, mas eu comecei com colagens, anotações e recortes. Quando precisava me inspirar, consultava as pastas. Sempre me mantive curiosa para conhecer tecidos, tecnologias, aprender com artesãos, designers, e descobrir novos estilos.

E como você traz as pessoas (seu time, clientes etc.) para contribuir também no processo criativo?

As vivências, a personalidade, histórias, a expectativa, as emoções que pessoas e ambientes exalam são combustíveis para a criatividade. É preciso sentir, observar, interpretar para, a partir daí, traçar o caminho de encontro entre o que o cliente quer e o que nós vamos entregar. O trabalho pode fluir de um jeito prazeroso e instigante ao mesmo tempo.

Como você faz essa leitura do cliente, do espaço e do contexto?

Curiosidade é essencial. É preciso perguntar e, ao mesmo tempo, estar realmente atento para escutar as respostas. Ir além das entrelinhas e usar o próprio conhecimento para mostrar ao cliente o que ele realmente precisa.

Muita gente acredita que o trabalho do arquiteto é medido apenas por trenas, mas lidamos com sonhos o tempo inteiro. Como medir um sonho? O arquiteto, de certa forma, trabalha com algo muito subjetivo e abstrato. É preciso ter empatia e sensibilidade para captar a necessidade e a expectativa de cada cliente. **Enfim, transver: observar, sentir, digerir, criar, encantar**.

O conceito criado para a palestra de Moema extrapolou os palcos, foi para o novo site da empresa e virou uma luminária criada por ela para o teto do seu escritório, usando de forma desconstruída a estrofe que deu vida ao posicionamento da marca.

Conecte os pontos entre todo o seu conhecimento e acredite: **tudo pode ser útil em algum momento.**

* PESSOAS SÃO FONTE DE INSPIRAÇÃO

Outra forma de ampliar a potência criativa é perceber as pessoas que rodeiam você como parte do seu repertório. É poderoso demais olhar para os lados e unir forças com aqueles que nos cercam.

Você sabia que C.S. Lewis, autor da frase que escolhi para abrir este capítulo, também é um bom exemplo de hibridismo (uma mistura de repertórios com pessoas diferentes que permite ampliar a visão de mundo e o modo como atuamos)? Se C.S. Lewis não tivesse conhecido J.R.R. Tolkien, autor de obras como *O Senhor dos Anéis*, talvez não se tornasse um dos maiores marcos da literatura fantástica do último século.

Lewis trabalhava com filosofia e literatura medieval, teologia, apologética e crítica social. Dedicou-se por anos a textos cristãos, registros históricos e à ficção, como foi o caso de *As Crônicas de Nárnia*.

Notou como é importante ampliar as referências? Quanto maior for a sua rede de conexões, mais fértil se tornará o seu ambiente e mais potentes serão as suas ideias.

De fato, muitas mentes pensam melhor do que uma. Além de ampliar nossos repertórios, as pessoas com quem nos relacionamos são também espelhos, nos ajudam a enxergar quem somos. Essa interação possibilita que a gente enxergue com clareza o que queremos mostrar, a colocar a nossa voz no mundo.

Sua criatividade está em como você conecta tudo o que você **é a favor de um objetivo.**

Deixo aqui alguns exercícios que podem ajudar a tatear o endereço da sua autenticidade e aguçar sua criatividade.

- **Compartilhe uma curiosidade a seu respeito.**

Uma das minhas clientes era diretora de uma grande indústria alimentícia e mãe de trigêmeos! Imagine o jogo de cintura dessa mulher!

- **Elenque paixões que não se ligam diretamente ao seu trabalho atual.**

Outro mentorado, diretor financeiro de uma grande empresa, compartilhou durante a sessão sua incrível experiência de um período sabático em uma jornada com amigos motociclistas até o deserto do Atacama. Uma experiência memorável que mudou seu jeito de ver a vida.

Talvez aquilo que torna você único não seja tão **glamouroso, mas pode conectar você com as pessoas.**

É o caso de uma gerente de TI de uma empresa de varejo que, em uma reunião, comentou com senso de humor o quanto a dislexia já a tinha colocado em saias justas.

- **Comece a construir ou se filiar a grupos onde você possa ampliar sua visão. Pessoas diferentes de você, mas com o mesmo objetivo.**

Há 5 anos, me filiei ao The Fob, comunidade de mulheres da alta liderança de grandes empresas, empresárias e autônomas. A troca, além de gerar negócios, cria conexões reais e acelera o desenvolvimento dos objetivos de cada membro do grupo.

Também faço parte da Moovers, a maior comunidade de futurismo do Brasil, liderada pela Monica Magalhães. O grupo discute tecnologia, tendências e inovação e eu claro, quero ficar antenada com tudo que acontece e os impactos que isso tem nos negócios, no modo de trabalho e aprendizado das pessoas.

Estou sempre em movimento e em grupos de mentoria porque acredito no crescimento que a pluralidade de repertório traz.

- **Assista às palestras dos TED Talks, leia livros, veja filmes e documentários variados.**

No meu instagram você vai encontrar muitas referências para ampliar seu repertório de interesses (o QR code está na contracapa do livro).

Acredite, sua comunicação ganha magnetismo **quando você permite que realmente vejam você.**

Espero que suas ideias não morram na praia, na descrença da família ou na mesa em meio ao bate-papo com os amigos. Na maioria das vezes, o que falta é capacidade de falar com clareza, confiança e autenticidade.

Eu sei que você quer pertencer, é natural de todo ser humano, mas acredite: nem Jesus agradou a todos e não será você a unanimidade.

Já que é assim,
mostre quem você é!
Certamente, haverá
quem valorize
a riqueza de ter
você por perto.

CAPÍTULO 3:

FONTE DE **CONFIANÇA**

SUA **VOZ** PRA JOGO

"Sim, sou imperfeito, vulnerável, e às vezes, tenho medo, mas isso não muda a verdade que também sou corajoso e merecedor de amor e aceitação."
Brené Brown

O diretor do filme *Transformers*, Michael Bay, foi convidado para falar no evento de lançamento de uma TV. A missão dele? Explicar como a experiência de assistir a um de seus filmes naquela tela era incrível.

Tudo estava planejado. O teleprompter estava ali para guiá-lo, mas no momento da fala... o equipamento falhou.

O mestre de cerimônias tentou ajudar. Fez algumas perguntas sobre o produto para Michael, que conhecia bem o assunto e poderia ter respondido de modo espontâneo, mas ficou tão nervoso que travou. Abandonou o palco num silêncio constrangedor. Mais tarde, assumiu publicamente a sua dificuldade.

A reação dele é mais comum do que imaginamos. Michael sofreu um "sequestro" emocional — é como se, por um momento, você perdesse a lucidez e se tornasse refém das próprias emoções. Sabe quando bate aquele "branco" na mente no meio da apresentação ou você se enrola para responder algo mesmo sendo quem mais sabe do assunto? Reações que, muitas vezes, trazem aquela ressaca moral que acaba com a gente. Como lidar com elas?

Pense agora em alguém com quem você convive que é muito inteligente.

Ao fazer esse exercício, a maioria de nós lembra das pessoas com melhor capacidade cognitiva, mas a verdade é que há outro tipo de inteligência que pode fazer tanta ou mais diferença no nosso dia a dia — é o que chamamos de **QE: quociente emocional.**

Em situações desafiadoras, manter o domínio emocional é essencial para conseguirmos **desempenhar as nossas tarefas da melhor maneira.**

E, sem dúvida, falar em público diante de clientes, do time, do conselho da empresa ou mesmo abrir a câmera para falar em convenção para colaboradores de diversos lugares do mundo tem exigido muito do emocional de todos nós, principalmente porque alguns advogados, engenheiros, economistas, médicos, empresários muitas vezes nunca tiveram preparo para saber se comunicar com excelência nesses momentos.

Michael Bay, definitivamente, não está sozinho. Falar em público pode ser desafiador até mesmo para os mais experientes. E isso independe da idade, do cargo que você ocupa, da sua etnia, gênero ou experiência, porque, à medida que você cresce, os desafios crescem na mesma proporção.

Como líder, talvez você transmita toda a ansiedade para sua equipe e sequer perceba. Preparar-se antes de uma conversa ou apresentação, por exemplo, serve para ajudar você a permanecer no eixo mesmo sob tensão.

Por mais experiente, líder ou profissional que você seja em **determinado ramo ou tema, estamos todos "em obras".**

Há alguns anos, estive com meu marido em Barcelona e conhecemos a catedral da Sagrada Família, uma das obras arquitetônicas mais famosas e impressionantes do artista Antoni Gaudí. Acredita que está em obras desde 1882? Mesmo assim, o local é visitado por milhões de turistas todos os anos e é considerado uma obra-prima da arquitetura moderna. Percebem que estar constantemente em obras não diminui o nosso valor? Pelo contrário, acaba evidenciando a nossa essência.

Para se desenvolver ao longo da jornada é essencial se manter "ensinável". Isso significa estar aberto ao aprendizado, aceitar a própria vulnerabilidade, permanecer atento e agir com mais consciência de como sua comunicação afeta sua vida.

* Preparo emocional

Quero mostrar um passo a passo para você ter melhor **preparo emocional** e, assim, sentir as emoções sem se tornar refém delas em momentos decisivos.

Você vai aprender a lidar com a voz interna sabotadora ao ler as histórias de quem já enfrentou os mesmos desafios e conseguiu se sair bem.

Perceba o que sente → Identifique o que tira você do sério → Fortaleça sua identidade

Amplie o vocabulário → Seja forte e corajoso → Construa pontes

PASSO 1: PERCEBA O QUE SENTE

A maioria das pessoas sequer percebe o início de uma emoção, mas é possível aprender a identificar as emoções antes de sermos abduzidos **por elas, tendo assim a chance de agir com sabedoria.**

Por isso, uma saída é aumentar a distância entre o gatilho emocional e a ação, isto é, entre a emoção e o que você decide fazer com ela. Essa habilidade exige um exercício diário.

Mas o que fazer para continuar confiante mesmo quando todos na reunião parecem trabalhar contra seus argumentos?

Ou pior: às vezes, nem são os outros sabotando, mas a sua voz interna...

"Você nem está preparado(a)".

"Fulano falaria bem melhor do que você".

"Vão te perguntar justamente sobre aquele gráfico que você sabe menos"

...e outras acusações que o nosso cérebro insiste em reforçar nos momentos de maior insegurança.

Estamos em guerra. Eu me refiro ao conflito dentro de você. De um lado, o seu "eu" que critica, fala palavras desanimadoras e tira o seu foco da conquista. Do outro, o seu eu incentivador, que ativa a esperança.

De um lado, a voz que mina sua confiança, do outro, a que dá ousadia.

"Vai! O caminho se faz caminhando. Use a criatividade para encontrar caminhos, nunca desculpas. Use os recursos que tem. As pessoas precisam te ouvir. Você merece ser visto. O que você tem para falar vai ajudar as pessoas. Na jornada, você vai encontrar recursos. Lance as sementes. Vai ter resultado."

E a voz sabotadora interna sussurra:

"Melhor ficar calado na reunião. Você não tem importância. Você é desinteressante. Vai dar errado. Esse emprego não é pra você".

Qual voz você vai escutar?

Nessa jornada preparando pessoas, aprendi que, mais do que ensinar oratória, eu **ensino as pessoas a despertarem a confiança na própria voz para falarem com clareza e confiança em momentos decisivos.**

Para aprender a falar bem, é preciso fortalecer sua confiança. Eu amo histórias inspiradoras, mas bom mesmo é ajudar a construí-las e libertar o conhecimento guardado dentro de você.

Tome consciência e confronte a voz interna que sabota. Explico melhor.

Tem uma série da Netflix chamada *Respire*. Em resumo, a história mostra a protagonista, única sobrevivente de uma queda de avião, perdida em meio à floresta. Ela está grávida e sozinha, mas seus maiores inimigos não são o frio, a fome, a sede, os predadores que a cercam, os ferimentos ou a falta de abrigo. A luta maior da protagonista é contra sua voz interna sabotadora que diz o tempo inteiro: "Você vai morrer aqui. Desista. Você é como sua mãe, vai fracassar com seu filho".

Até que ela aprende a guerrear e calar os pensamentos que a paralisam. Ela passa a confrontar, em alto e bom tom, a voz sabotadora mostrando suas próprias habilidades, os momentos de conquistas da sua história, as pessoas que acreditam nela e começa a enxergar a si mesma por outra perspectiva.

Aprenda a combater com argumentos reais a voz sabotadora. **Escute a sua voz interna incentivadora.**

PASSO 2: IDENTIFIQUE O QUE TIRA VOCÊ DO SÉRIO

Recomendo que faça o exercício a seguir como um preparo emocional antes das suas apresentações.

A intenção é mapear situações que podem desestabilizar você emocionalmente no momento de uma conversa importante ou uma apresentação decisiva.

Eu chamo de **Mapa dos gatilhos emocionais**. Faça o seguinte:

Gatilhos	Antídotos
Liste ameaças e medos que podem vir a se concretizar durante um momento decisivo.	Liste ações, o que pode ser feito para lidar melhor com a situação ou evitar que ela aconteça.
• Medo de me perguntarem algo e eu não saber responder. • Medo de esquecer as informações importantes.	• Levar um aliado: especialista no tema que possa me apoiar caso surjam perguntas específicas. • Investigar quais as prováveis perguntas que podem surgir e preparar as respostas.

Daniel Goleman, pesquisador de inteligência emocional, afirma que, em momentos de extrema ansiedade ou medo, ter alguma ação a ser colocada em prática por si só já nos traz mais conforto.

Isso ajuda a lidar melhor com futuras situações desafiadoras.

Ninguém controla o que não conhece.

PASSO 3: FORTALEÇA SUA IDENTIDADE

Logo no início da minha carreira como treinadora de speakers, fui a Brasília para dar um workshop sobre técnicas de apresentação em um banco tradicional. Cheguei cedo e peguei o elevador junto com o organizador do treinamento. Durante os dois primeiros minutos de conversa ele me perguntou:

— Mas é você quem vai apresentar?

— Sim, sou eu, por quê?

— Mas é só você?

Notei que pelo tom ele estava incomodado. Definitivamente, eu não era a instrutora que ele esperava.

Sorri com certa ironia, respirei fundo e devolvi a bola.

— Sim, somente eu. Por quê?

— Ah, é porque eu esperava alguém de cabelos brancos. Nossa audiência é bem sênior e só de homens.

Eu já sabia o perfil da audiência e o estilo de empresa. Em outros tempos, ficaria nervosa e até duvidaria de mim.

Mas o que aconteceu nessa jornada para que eu, finalmente, acreditasse no meu valor e não deixasse que esse tipo de comentário afetasse minha confiança?

A verdade é que ele me avaliou pelas lentes e experiências dele. Percebi que talvez esse cliente tenha duvidado do meu trabalho por não me conhecer e pela sua crença de que pessoas jovens não têm preparo suficiente. Além disso, se o workshop fosse um fiasco, seria responsabilidade dele, que era o gestor contratante de treinamentos. Eu preferi partir do pressuposto de que existia uma **intenção positiva** por parte dele.

Para tranquilizá-lo, compartilhei os nomes de algumas empresas pelas quais eu já havia passado. Em vez de acusá-lo de machista e preconceituoso (meu primeiro julgamento), acolhi minha raiva, respirei fundo e usei aquela emoção para fazer algo positivo.

No lugar de me deixar levar pela raiva que o comentário dele despertou em mim, usei toda a energia para fazer o melhor treinamento possível. Resultado: novos projetos surgiram depois com o cliente. **Esse é o melhor feedback de todos.**

Descobrir quais são os seus gatilhos emocionais torna você capaz de segurar as rédeas da situação quando aquela faísca que põe tudo em vias de explodir pelos ares aparece.

Consegue lembrar da última vez que perdeu as estribeiras? Um comentário desagradável, uma reunião hostil ou até uma mensagem em grupos de Whatsapp?

Em alguns momentos, o mais sábio é se afastar, frear o desejo de mandar um áudio desaforado, mudar de ambiente, beber um gole d'água.

Lembre-se de que muitas vezes um gesto intencional para conter uma reação pode evitar a ressaca moral ou a completa **destruição da sua reputação.**

Se é uma pessoa atenta e decidida a dominar seus impulsos emocionais, anote essas situações do dia a dia que tiram você do sério e reflita: o que elas têm em comum? São frequentes?

Com o tempo, você vai começar a perceber padrões, como: porque esses episódios emocionais acontecem, quando tendem a ocorrer e o que fazer para reagir de um jeito mais saudável.

Às vezes, o que irrita você sequer incomoda quem está ao seu lado. Cada pessoa é de um jeito.

Lembre-se: além de anotar seus vacilos recorrentes, é importante mapear quando você se manteve no eixo. Valorize seu esforço quando conseguir **preservar a assertividade na resposta ou reações.**

Os acertos nos ajudam a sustentar a automotivação e treinar os músculos da inteligência emocional para a batalha diária. A vida é melhor quando existe diálogo, calma e conexão!

Que tal fazer com que seus sentimentos percorram os sinais de trânsito relacionados às etapas a seguir :

Sinal vermelho	• Pare, se acalme e pense antes de agir
Sinal amarelo	• Perceba a questão • Comunique como se sente • Estabeleça uma meta positiva • Olhe por outros ângulos • Perceba as possibilidades • Tente prever consequências
Sinal verde	• Execute sua melhor versão possível

Fonte: Inteligência emocional, Daniel Goleman

Parece simples demais? Acredite, é desafiador aplicar essa dinâmica na vida real. A competência emocional impacta nossa comunicação por toda a vida. Talvez você não tenha tido um letramento emocional no passado, mas sempre é tempo de aprender a lidar com as emoções.

Uma preocupação maior com esta questão por parte de todos nós nos levaria a uma sociedade mais equilibrada, com profissionais mais preparados, menos impulsivos, capazes de se expressar com mais respeito e evitar crises econômicas internacionais.

Há quem critique a birra de uma criança, mas a verdade é que algumas pessoas aos quarenta ainda não têm o jogo de cintura necessário para manter uma conversa intencional.

E o que fazer para manter uma comunicação confiante e equilibrada? Estes passos são importantes para você aprimorar sua competência emocional na sua comunicação.

PASSO 4: AMPLIE O VOCABULÁRIO

Pare e perceba suas emoções por cinco minutos, sem distrações. Acolher e aprender a nomear como a gente se sente em vez de negar ou se anestesiar é fundamental. Eu sei que a vida é uma correria, mas, se você não parar agora, a conta virá lá na frente em forma de burnout, crises de pânico, relacionamentos destruídos e outras consequências tenebrosas. Vale a pena investir cinco minutos do seu dia em você.

Durante o workshop da All Presentations de gestão de conflitos para líderes, fazemos um exercício que, à primeira vista, é despretensioso, mas traz resultados poderosos: **o baralho de sentimentos**. Palavras como "triste", "animado" ou "com raiva" aparecem e, quando chega a vez do participante, ele precisa descrever um momento em que vivenciou aquele sentimento.

Pode parecer banal, mas acredite, algumas pessoas sequer têm vocabulário suficiente para expressar como se sentem. Muita gente não enxerga a relação entre sentimento e necessidade emocional. Veja alguns exemplos baseados na comunicação não-violenta:

Sentimento (emoção que me move)	Necessidade (o que quero suprir)
Medo	Segurança, apoio
Raiva	Valorização, ser respeitada

Além disso, é importante tomar consciência dos pensamentos que geram o sentimento, porque tudo começa com a interpretação que você faz da realidade num contexto específico.

Você tem consciência dos seus pensamentos?

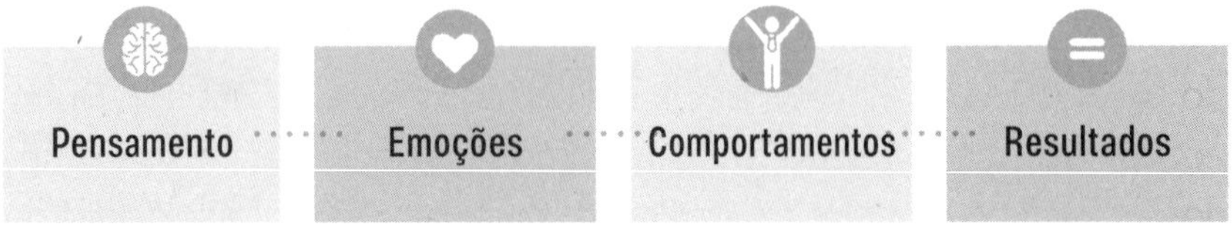

PASSO 5: SEJA FORTE E CORAJOSO

Você gosta de biografias? É interessante conhecer a trajetória de algumas figuras marcantes. Já li algumas e também gosto de filmes e séries baseados em fatos reais. Histórias de superação me encantam e me inspiram, como o filme *À procura da felicidade*, inspirado na vida de Chris Gardner, empresário que morou nas ruas antes de alcançar sucesso, e a série que narra a história da Madam CJ Walker, primeira mulher negra empreendedora milionária nos EUA.

Se uma pessoa comum com uma vida complicada consegue enfrentar tanta luta, por que não você e eu? **Com fé e coragem é possível realizar sonhos.**

Tenho uma mentorada que é promotora de justiça e luta dia a dia no combate à violência doméstica. Durante uma das sessões de mentoria, ela me mostrou que usa uma pulseira com a palavra "coragem". Carregar a mensagem no pulso é uma maneira de lembrá-la da missão quando tudo parece nebuloso.

Em certo momento de sua carreira, o jogador de basquete Michael Jordan foi desafiado por três colunistas de importantes veículos esportivos a vencer uma partida contra os "bad boys" do Detroit Pistons, time rival. Eles disseram que o Chicago Bulls, equipe de Jordan, seria massacrado. A história é narrada em um dos episódios da série documental *The Last Dance*, disponível na Netflix. Michael Jordan relata o quanto aquele comentário o deixou fora de si. Canalizar sua fúria para a vitória foi a forma que ele encontrou para lidar com a situação. Por questão de brio, decidiu que precisava vencer aquele jogo.

E o que move você? Precisamos disso na vida e na hora de colocar a voz para jogo!

Já aconteceu de alguém fazer uma pergunta no meio da sua apresentação que tira o foco da reunião? Ou interromper com comentários que parecem só querer desafiar você?

Haja paciência! Manter o foco é dificílimo, mas é o único meio de conseguir cumprir sua intenção de fala sem deixar que nada sabote, incluindo você mesmo.

Listei aqui algumas maneiras de sustentar a motivação a favor do seu objetivo quando tiver uma reunião importante ou conversa desafiadora:

Qual é a recompensa?

Desde a primeira palavra que escrevi aqui, eu imaginei como me sentiria no dia em que visse a 1ª edição do meu livro em minhas mãos. Sonhei com o momento em que você leria estas páginas, suas reações e reflexões acerca do conteúdo.

Imaginei o dia do lançamento, as pessoas que eu conheceria, as novas oportunidades que chegariam, o sorriso no rosto do meu marido, das minhas filhas, o orgulho dos meus pais e a minha satisfação ao saber que deixei um legado. Penso em como as pessoas que eu mencionei vão se sentir, o quanto VOCÊ pode melhorar sua vida. Imaginar alimenta a alma e nos faz vivenciar antecipadamente a alegria, e traz energia para continuar a caminhada.

Eu serei vista, reconhecida e valorizada pelo meu trabalho. Essa é a minha grande recompensa.

Quem inspira você?

Converse com as pessoas — participe de grupos de networking, vá a eventos da sua área, busque novos contatos nas redes sociais.

Assista aos filmes, às palestras TED de pessoas que podem inspirar você. É importante manter a motivação e a mente aberta. O que você pretende fazer para cultivar sua força, motivação e coragem?

PASSO 6: CONSTRUA PONTES

Ouvi certa vez uma história interessante de uma terapeuta que atua como voluntária em um programa de assistência social via atendimento telefônico. As pessoas ligam para desabafar, compartilhar seus problemas, chorar e serem ouvidas, acolhidas. Certo dia, ligou uma senhora que tinha perdido a única filha, e a terapeuta conversou por quase quarenta minutos com ela. Logo na sequência, ligou uma outra mulher, tão ou mais desesperada. Chorava muito a ponto de mal conseguir falar. O motivo era que o cão havia morrido.

Como julgar qual dor era maior? Precisamos resistir à tentação de criticar; em vez disso, podemos exercitar a solidariedade, buscando entender a perspectiva do outro, acolher a necessidade e, se possível, estar à disposição para ajudar. Cada pessoa tem uma história. Nossa tendência é dizer: "Que absurdo! É claro que a mãe que perdeu a filha sofre mais", mas falamos com base nas nossas próprias vivências. Como medir o amor ou a dor do outro com nossas réguas individuais?

Cultivar a empatia nos torna mais aptos a compreender o mundo ao nosso redor, a aprender a negociar, gerenciar conflitos coletivos e melhorar a **harmonia dos sistemas e comunidades dos quais fazemos parte.**

Imagine que bênção ser alguém que influencia positivamente os outros e a si mesmo?

Eis uma habilidade que a maternidade aguçou em mim. É preciso ser empático com uma criança que chora intensamente porque seu adesivo favorito rasgou.

E você, por onde pretende começar o exercício?

Ao desenvolver a competência emocional, a gente se torna melhor nos nossos múltiplos papéis na vida. A comunicação é tudo!

"Apresentar é mais do que apenas mostrar os slides. É contar uma história capaz de tocar pessoas, inspirar decisões e gerar movimento

A All Presentations é um aliado estratégico, com ela aprendemos a transformar ideias em narrativas, dados em emoção e mensagens em experiências que conectam.

Cada apresentação deixa de ser um simples arquivo e passa a ser um momento feito para criar impacto e engajamento. Ao nos preparar para o palco com esse apoio, descobrimos algo essencial: a segurança de ter uma história clara, envolvente e alinhada ao público. Isso é o que nos dá confiança e nos permite focar o que realmente importa: transmitir nossa mensagem de forma autêntica e poderosa.

A All Presentations entrega presença, porque quando subimos ao palco com clareza e confiança, mais do que fazer uma apresentação, vivemos uma transformação".

MARIANA FONSECA

Senior marketing director Latam Merz Aesthetics

PRESENTE – DESAFIOS DO AGORA

CAPÍTULO 4:

A HORA DO **NERVOSISMO**

ALESSANDRA BRAGA DE MIRANDA

SUA **VOZ** PRA JOGO

"Cabeças quentes e corações frios nunca resolveram nada".
Billy Graham

Imagine como se sente um executivo que acabou de assumir o cargo de CEO Brasil em uma grande companhia do setor farmacêutico. Vou chamá-lo aqui por um nome fictício. Lucas foi convidado, ou melhor, convocado para fazer uma apresentação na convenção global em Punta Cana, em que estariam presentes também os outros líderes de diferentes países e regiões.

Era chegada a hora. Lucas sabia que não bastava ser bom, era preciso que todos soubessem disso. De que adianta ter valor se ninguém vê? Ele queria marcar presença, inspirar confiança, ocupar espaço na mente das pessoas. E, para isso, é preciso entregar resultados e, mais importante, mostrar que entregou, porque talento escondido não gera reconhecimento.

Na véspera da convenção, a ansiedade atrapalhou o sono dele. Isso é mais comum do que parece. A pressão de um grande momento muitas vezes pesa mais do que deveria, mas é aí que a preparação faz toda a diferença.

Às 6h da manhã, ele subiu ao palco para praticar. O salão ainda estava vazio, a luz da manhã começava a entrar pelas frestas dos janelões de vidro do local. Sozinho ali, ele repetiu o roteiro inúmeras vezes. Caminhou pelo palco, sentiu o espaço, imaginou os olhares da plateia. Testou o microfone, ajustou os gestos, afinou as palavras, controlou o tempo.

Quando chegou o momento real, tudo fluiu. A apresentação aconteceu como deveria: segura, envolvente, aplaudida de pé. Ele saiu do palco com aquele alívio de missão cumprida.

Na sequência, algo surpreendente aconteceu. Um colega do time se aproximou, apertou sua mão e disse, admirado:

— Parabéns, você tem o dom.

O CEO gargalhou ao me contar toda a história:

— Mal sabe ele das noites em claro, do treino, do suor na camisa.

Pareceu fácil, mas foi treino. E quando fazemos algo difícil parecer natural, ganhamos **um poder de influência sobre as pessoas.**

IMPORTANTE:

Faça o preparo emocional com o exercício dos gatilhos emocionais. No capítulo anterior, expliquei a importância dessa técnica e como você pode colocá-la em prática. A confiança é a base de tudo, e você precisa preparar sua mente para esse momento decisivo.

Treine e simule o momento da apresentação.

Uma pesquisa feita pelo Jornal Sunday Times com 3 mil pessoas mostra que 41% dos entrevistados têm mais medo de falar em público do que de morrer ou ficar endividado.

Durante mais de uma década como treinadora de speakers, já ouvi de tudo: "Ahhh, você tem o dom!" ou "Nasceu com carisma".

Pode parecer que a pessoa acorda de manhã, escolhe uma roupa qualquer e vai fazer uma apresentação incrível, mas a verdade é que bons profissionais se preparam para momentos assim. Alguns têm inclusive a consciência de como a roupa vai impactar sua imagem e em como se sentem e, por isso, escolhem se vestir estrategicamente.

E o frio na barriga antes da reunião com investidores, um cliente novo ou mesmo um grupo de colaboradores? Sentir medo nessas horas é natural. Essa reação apenas significa que aquele momento importa. O frio na barriga aparece quando há muito em jogo.

Mas tem um segredo: o nervosismo só paralisa se você deixar. Se você estiver preparado, **ele vira combustível para ter mais presença na reunião.**

Quando estamos inseguros, nossos pensamentos tendem a divagar. Estar 100% presente é a habilidade de se concentrar no que está fazendo, sem deixar que seus pensamentos dispersem.

"Eles não estão gostando do que eu falei."

"Aquele % no gráfico ficou errado."

"Vai todo mundo reparar no meu rosto vermelho."

Eu sei que bate aquele desespero. A voz treme, o coração dispara, e sua mente já está a quilômetros de distância, presa na dúvida: "E se eu errar?".

Quer saber de uma coisa? Esse turbilhão interno só afasta você do que realmente importa — o agora.

Esqueça essa história de mirar no fundo da sala ou imaginar a plateia pelada (sério, quem inventou isso?). Sabe qual é o segredo para manter a atenção plena sem deixar que a mente fuja?

Atenção ao **momento presente.**

Aprenda a se concentrar no que faz e com o objetivo que você tem com a sua apresentação, conversa ou palestra.

Talvez você, assim como eu, assista suas séries na TV ou no streaming ao mesmo tempo em que responde o WhatsApp, cozinha e ouve música. Sinceramente? Quem faz tudo ao mesmo tempo acaba por queimar o arroz, mandar a mensagem para o grupo errado (eu já fiz isso) e nem consegue curtir realmente a música que está tocando.

"Mas Alê, tenho mil tarefas para fazer." Eu entendo e está tudo bem. Sei que, em alguns momentos durante a leitura deste livro, você já se pegou pensando nas demandas do trabalho, no novo episódio daquela série ou no que tem para o jantar. Acertei?

Onde estava sua mente quando você virou a página? Se a resposta for "viajando por aí", melhor voltar e ler de novo o último parágrafo. É normal a mente fugir de vez em quando, mas há momentos em que uma distração pode ser fatal. Um neurocirurgião precisa se manter focado ao operar a cabeça de alguém, sob o risco de consequências irreversíveis. Ouso dizer que o mesmo vale para o momento de uma apresentação estratégica ou certas reuniões de trabalho.

A atenção difusa faz sentido quando andamos de bicicleta e precisamos fazer várias ações ao mesmo tempo e de forma automática.

A atenção sustentada é fundamental quando precisamos **nos concentrar por um longo período numa atividade só.**

Existe também a atenção seletiva, que precisamos acionar quando escolhemos prestar atenção em uma palestra, mesmo com mil barulhos ao redor.

Eu já trabalhei nos bastidores de televisão e, por hábito, as redações tinham várias TVs ligadas ao mesmo tempo, cada uma em um canal. Imagine a dificuldade para se concentrar em escrever ou mesmo entrevistar alguém por telefone em meio ao caos do ambiente. Considero essa época um treinamento intensivo diário de concentração para mim.

Hoje, quero alertar você sobre armadilhas que atrapalham estar realmente atento (presente) na hora da sua apresentação.

A vergonha e o medo do julgamento normalmente atormentam muita gente, em especial os mais perfeccionistas. E, quando a gente se deixa levar pela voz da autocrítica destrutiva, acabamos dominados por nossos pensamentos aterrorizantes.

Se você está na arena da vida, em busca do seu espaço, travando sua luta constante para colocar a sua voz no mundo, o que vou trazer abaixo são pequenos tesouros.

Vou contar alguns dos aprendizados que compartilho no meu treinamento *Programa Fale com Confiança* e que marcaram os meus vinte anos de estudos e experiências no âmbito da comunicação.

Antes, quero orientar você sobre o preparo emocional antes da apresentação.

✱ TUDO COMEÇA NO PENSAMENTO

Sabia que o cérebro não distingue realidade de imaginação? Imagine, agora, que ganhou na Mega-Sena. Você começa a planejar quantas casas e iates poderia comprar, quem você convidaria para viajar o mundo contigo e as mil e uma maneiras de gastar a fortuna. Em poucos segundos, a euforia toma conta e um sorriso estará expresso no seu rosto.

O que você pensa provoca **sentimentos que desencadeiam comportamentos.**

Uma técnica poderosa para superar o medo é **ensaiar como se fosse o momento da reunião ou evento,** porque sua mente já vai estar mais familiarizada com a situação. Falamos bastante a respeito do lado emocional no capítulo anterior.

Toda vez que participo da formação de profissionais da Academia de Speakers de uma das maiores indústrias farmacêuticas do mundo, vejo o quanto faz a diferença o cuidado na preparação dos palestrantes que têm assuntos técnicos.

O ensaio vai desde a subida ao palco, o olhar para a audiência e as câmeras, a familiarização com a guia da apresentação nos monitores e a capacidade de se expressar em outra língua, algo que é desafiador para muita gente. Ao final, os palestrantes se tornam mais confiantes para falar, até mesmo os que são enviados à Rússia, ao Japão e países da Europa.

Vou ensinar 11 práticas para você adotar daqui em diante na hora da sua apresentação e estar mais confiante.

1. Chegar antes é melhor
2. Aumente o som
3. Pausa estratégica
4. Acervo de inícios
5. Respire
6. Posturas poderosas
7. Lute por uma causa
8. Memória-estrela
9. Lugar estratégico
10. Seu jeito traz conforto
11. Tenha aliados

Vamos explorar cada uma delas.

1. CHEGAR ANTES É MELHOR

Se for numa reunião com um cliente, por exemplo, chegue mais cedo do que ele para observar tudo o que compõe o ambiente. É um escritório?

Como é a decoração?

Como as pessoas ali se vestem e se comportam?

Falam baixo ou conversam alto pelos corredores?

Isso trará pistas sobre a cultura da empresa.

Lembro quando fui ao escritório de uma das maiores empresas de tecnologia do mundo, em São Paulo. Tudo era muito prático: fiz meu próprio crachá de visitante e aguardei ser recebida para a reunião em um espaço arquitetado milimetricamente para traduzir criatividade e irreverência. Muitas cores, espaços de convivência, pufes, baias customizadas por cada colaborador, feiras de frutas acontecendo ao lado das salas de reunião.

Um contraste enorme em comparação ao escritório de um dos maiores bancos de investimento do Brasil que fica na mesma região.

A outra empresa tem obras de arte espalhadas pelos corredores largos, espaços grandiosos, três recepcionistas disponíveis e copeiros para apoiar qualquer demanda necessária.

Entender o ambiente também é extrair pistas de como as pessoas **ali pensam e se comportam para que você saiba se adequar.**

Aos poucos, vamos nos ambientando e nos sentindo mais confortáveis no lugar.

2. AUMENTE O SOM

Músicas são poderosas para mudar nosso estado mental e um ótimo preparo para reuniões decisivas. Quando dei os primeiros passos na criação da All Presentations, foi um início lento e solitário na elaboração dos workshops iniciais e prospecção de clientes.

Depois de um dia inteiro de trabalho, minha estratégia para ganhar energia era correr na esteira ouvindo bem alto *Teu amor não falha*, da Nívea Soares e a música *Feeling Good*, na voz de Nina Simone. A letra é inspiradora e traduz a liberdade que eu buscava para fazer o que amava, prezando pela minha autonomia. Aliás, é incrível como os streamings de música permitem que você encontre canções de acordo com o estado de estado de espírito desejado (alegria, calma, empoderamento etc.).

Na minha mentoria **Você Notável**, criei uma playlist especial para fortalecer a autoconfiança das participantes, outra para renovar os ânimos, outra para momentos de reflexão...

A playlist é exclusiva para os meus mentorados. Selecionei canções mais serenas para o momento introspectivo de levantamento de informações antes de uma apresentação estratégica e construção do discurso. Também selecionei músicas com mais energia para escutarem antes do momento da apresentação e entrarem no estado mental desejado. Lembre-se: a escolha precisa estar alinhada com a emoção que você deseja despertar nas pessoas. Se quer dar uma boa notícia e inspirar confiança no time, certamente, escutar *November Rain*, do Guns and Roses, será uma má ideia.

3. PAUSA ESTRATÉGICA

Se tem algo que me deixa indignada é quando escuto alguém dizer: "vai lá e se joga na hora da apresentação!", como se fosse um ótimo conselho para uma apresentação em público.

Quem aprende a nadar pulando na piscina funda de uma vez só? É melhor ir aos poucos, testando novas técnicas e profundidades, conhecendo os recursos disponíveis (pranchas, boias, óculos e outros itens que podem ajudar) e, claro, com um bom professor. Existe uma curva de aprendizado até que você possa nadar com facilidade. Da mesma forma, uma apresentação requer preparo, cuidado e prática. Por que, então, se jogar em um momento tão importante?

Na hora de entrar em cena, faça uma pausa estratégica, mesmo que as pessoas já estejam na **sala ou a câmera esteja aberta.**

Preste atenção na sua respiração e se concentre em sentir o ar entrar e sair do seu corpo. Pense em como quer se sentir ao fim da apresentação (como seria o ideal) e repasse, mentalmente, o início da sua fala. Concentre-se.

IMPORTANTE:

O começo da sua apresentação é um momento crítico. Assim como um goleiro que toma um gol no início do jogo, você pode perder o foco se algo dá errado nos primeiros minutos, por isso é tão importante estar preparado. Caso você tenha pouco tempo para treinar a apresentação inteira, a estratégia que recomendo é ensaiar várias vezes o início da apresentação, para começar bem e confiante. Aliás...

4. ACERVO DE INÍCIOS

Eis outra estratégia poderosa! Ter um "estoque" de maneiras de começar sua apresentação traz conforto porque, geralmente, o início é o ápice do nervosismo.

À medida que a gente fala, parece que a adrenalina vai baixando e voltamos à estabilidade, mas qualquer escorregão no começo pode ser devastador para o desempenho do restante da apresentação. Então, deixe na manga maneiras de estabelecer uma conexão natural e introduzir sua apresentação como uma conversa. Na minha mentoria, ensino diferentes maneiras e exemplos de introdução, e cada um deles traz uma riqueza de ideias com base no próprio contexto em que trabalha.

Sem saber por onde começar?

- Pense na relação do seu tema com o contexto e conecte os assuntos.

- Se outra pessoa tiver apresentado antes de você, faça uma conexão entre o assunto dela e o que você vai abordar. Além de ganhar a simpatia do outro orador, você mostrará ao público que estava atento e que sabe escutar.
- Se for mais pertinente para o seu objetivo, vá direto ao ponto; essa também é uma forma de definir, antecipadamente, como começar: "Hoje, o propósito da reunião é..."
- E, claro, esteja sempre atento, porque a fala de algum participante durante a reunião pode ser o link ideal para expandir a discussão e se aprofundar em certos tópicos

Torne esse momento uma conversa fluida, sem começar **aos trancos e barrancos.**

5. RESPIRE

É desafiador sustentar a concentração durante a fala. Numa entrevista que fiz para este livro com Ruy Marra, preparador de atletas de alto rendimento, tive a confirmação do que tantos especialistas dizem sobre a respiração: **torná-la consciente, além de aliviar o stress psíquico, ajuda a equilibrar as emoções e até melhorar o nosso desempenho frente a atividades cotidianas e/ou sob pressão.**

Ninguém pensa para respirar, justamente por ser algo automático, e treinar prestar atenção na própria respiração é um ótimo jeito de exercitar a capacidade de concentração. Já notou como a respiração espelha seu estado emocional?

Se está ofegante, a respiração mais curta é insuficiente para terminar uma frase, um sinal de ansiedade, por exemplo.

O ideal é respirar usando o seu diafragma (parte baixa do abdômen) em vez de concentrar o ar no alto dos pulmões. Já viu como respiram os bebês? A barriga deles sobe e desce visivelmente enquanto respiram. É um bom exemplo de respiração diafragmática.

Sente-se numa posição confortável e faça três ciclos de respiração contando devagar de **1 até 21 para inspirar e expirar.**

Parece muito simples, mas duvido que consiga fazer na primeira tentativa sem se perder na contagem. Com os olhos fechados e contando mentalmente, o pensamento foge e, quando você percebe, nem lembra onde estava na contagem. Ao completar esse exercício, você vai fortalecer diariamente seus "músculos" da concentração.

São inúmeras as práticas que trabalham a atenção plena ou consciência, das mais alternativas às científicas. Aqui, optei pela ciência. A psicóloga Ellen Larger diz que estamos em "modo descuidado" na maior parte do tempo, almoçando sem observar o que estamos comendo, respirando e vivendo no modo automático.

Os neurocientistas dizem que isso é um recurso da nossa mente para poupar energia. É como se estivéssemos agindo involuntariamente. Quem nunca pegou o caminho do trabalho num sábado sem se dar conta por causa do costume de fazer isso todos os dias durante a semana? O "piloto automático" é um recurso fascinante do nosso cérebro, mas há momentos em que é fundamental estarmos presentes, e precisamos treinar o estado de atenção plena.

Muitas pessoas pensam que meditação é parar de pensar ou deixar a mente em branco, mas acredito que isso seja impossível.

O criador da Mindfulness Meditation, Dr. Jon Kabat-Zinn, explica que a meditação é um convite para acordar, se relacionar de forma verdadeira com as dores emocionais que corroem nossa qualidade de vida, presença e criatividade, longe de negar, fugir ou manipular estados mentais.

6. POSTURAS PODEROSAS

Como está a sua postura agora? Deitado ou sentado? Como estão os seus ombros, curvados ou abertos? Sua coluna está alongada? Sabia que você pode se sentir mais autoconfiante se adota uma postura de poder?

Quando você está com medo ou preocupado, tende a curvar os ombros, franzir a testa e adotar uma postura fechada.

Quer ver como a sua postura pode afetar sua comunicação? Antes de uma entrevista de emprego, por exemplo, enquanto espera, adote uma pose de poder (rosto erguido, ombros abertos, coluna ereta, pode até sorrir, mesmo que no início pareça artificial). Esse pequeno ritual é capaz de mudar o modo como você se sente e contribuir para um ter melhor desempenho durante a conversa.

Em sua palestra TED, Amy Cuddy, pesquisadora de Havard em psicologia social, traz exemplos que ilustram como as relações de poder podem ser percebidas pela linguagem corporal das pessoas. Mais do que isso, sua postura pode moldar como você se sente e é visto pelos outros.

Acredite, atentar-se à postura fez a diferença para mim e transformou muitos dos clientes que já atendi ao **longo da minha trajetória.**

Uma das atividades da minha mentoria de comunicação é filmar cada participante para que tenha maior consciência corporal. Ao se ver no vídeo, muitas "fichas caem" para os mentorados. Mude sua postura!

Mantenha os ombros abertos, o rosto erguido, os olhos mirando no rosto das pessoas (ou na câmera), ocupe a cadeira, em vez de sentar-se na ponta e ficar com os ombros encurvados, e claro, pare de apoiar o queixo nas mãos durante sua reunião online.

7. LUTE POR UMA CAUSA

Quando me preparava para defender o mestrado, eu estava grávida de oito meses. Só de imaginar a banca de professores, que eu admirava e respeitava tanto, já me sentia nervosa. Quando o dia da defesa chegou, fui mais cedo para o local, levei meus materiais para apresentar e até um bolo formigueiro de chocolate que eu mesma fiz, na tentativa de tornar o momento mais leve para a banca, para os convidados que lá estavam e para mim, claro.

No meu coração e na minha mente, eu dediquei o encerramento daquele ciclo a minha filha que, ao se mover dentro da minha barriga, me incentivava.

Ter um propósito ao qual dedicar a sua "luta" ajuda a manter a motivação e o foco **para ter melhor desempenho em momentos decisivos.**

Talvez você pense em algo prático como os boletos para pagar ao fim do mês, mas pode ser algo maior. O sonho de ter sua casa própria, a liberdade de empreender, o reconhecimento de um projeto que custou momentos em família.

Saber a quem ou a quê você dedica a luta muda o jogo e aumenta a **sua presença de forma significativa.**

Durante sua pesquisa, Amy Cuddy avaliou uma amostra de pessoas com perfis variados que passariam por uma prova de argumentação. Cada participante se apresentava diante de uma plateia preparada para apontar os erros e ser propositalmente agressiva.

Entre os profissionais que estavam sendo testados, havia dois grupos: os que entravam no palco sem nenhuma reflexão prévia, e os que, antes de entrar, eram obrigados a escrever um texto dizendo o que realmente era importante em suas vidas. Ao avaliar os resultados, ela constatou que as pessoas que se lembram da motivação por trás de suas ações apresentam índices de estresse menores e eficiência acima da média.

Experimente dedicar uma missão desafiadora a uma causa ou a alguém importante para você. Ou ainda, comece a refletir sobre como seus objetivos podem contribuir para uma vida melhor para você e sua família. Isso muda totalmente a perspectiva e traz direcionamento, força e foco.

8. MEMÓRIA-ESTRELA

Outro bom antídoto para o nervosismo é trazer à tona imagens ou memórias de situações em que você se sentiu poderoso e capaz. Sabe aquele momento da sua vida em que você se sentiu arrasando? É desse tipo de memória ou imagem que estamos falando aqui.

Um mentorado estava apreensivo para se apresentar em uma reunião do conselho e se preparou no final de semana. Na segunda-feira, entrou na sala de reunião com as pessoas que costumavam intimidá-lo. Mas naquele dia, foi diferente. Falou com firmeza, respondeu às perguntas com clareza e, no fim, saiu com as felicitações que ninguém deu da última vez. Ele, finalmente, sentiu-se no controle, capaz e reconhecido. Então, sempre que tem um novo desafio pela frente, lembra-se de como conseguiu enfrentar a audiência hostil e teve sucesso. Esse momento se tornou uma memória-estrela para ele.

Sinta de novo aquela postura, aquela confiança, **aquele olhar certeiro.**

Traga esse momento para o presente e entre na sua próxima apresentação como quem já venceu antes.

9. LUGAR ESTRATÉGICO

Em uma reunião presencial, sempre escolho me sentar em um lugar onde eu tenha o campo de visão de todos os participantes, assim consigo observar reações, posturas e gestos das pessoas e ter uma leitura melhor de todos que estão ali. Quem chega primeiro tem as suas vantagens.

Numa época da minha vida, eu fazia reuniões semanais com um time de mais de dez pessoas em que eu era a única mulher. Eu tinha uma ótima relação com o grupo, e por hábito sempre chegava mais cedo para organizar a projeção e me sentar na cabeceira da mesa a fim de ter a visão panorâmica da sala e das pessoas. Certo dia, me perguntaram por que eu fazia questão de ficar ali.

O engraçado é que, depois que expliquei, a disputa pelas cadeiras das pontas ficou acirrada. O jeito foi mudar para uma sala com pufes e ficarmos em círculo nas reuniões seguintes.

10. SEU JEITO TRAZ CONFORTO

Mesmo em uma apresentação técnica, trazer algo pessoal faz com que você se aproprie mais do discurso. Use a criatividade e insira na fala elementos da sua história que conectem o público ao assunto, criando certa intimidade.

Esses elementos também vão trazer mais conforto e motivação para sua fala, **tornando-a mais autêntica e sincera, verdadeiramente sua.**

Tenho um cliente que é médico nutrólogo. Quando ele me procurou, o objetivo de sua palestra era falar da importância do autoconhecimento e do senso de responsabilidade para que as pessoas evitassem se sabotar no processo de emagrecimento. Fizemos, então, uma conexão entre o tema e a paixão dele pelo Jiu-Jitsu. O autocontrole é parte inerente da luta, porque quem possui "a capacidade de matar com as próprias mãos" deve possuir também a responsabilidade e a coerência no uso da técnica. O Jiu-Jitsu valoriza a disciplina e a melhoria constante, princípios que também são válidos para quem quer emagrecer. Abordar esse aspecto da vida pessoal do médico o deixou mais confortável e empolgado para fazer a palestra.

11. TENHA ALIADOS

Criar pontes e conexões é essencial. Uma vez atendi um cliente que estava muito nervoso com sua apresentação para a equipe do banco em que trabalhava. O material estava impecável, ele era um excelente comunicador, mas estar sozinho na defesa de uma ideia perante quatro pessoas parecia uma desvantagem e tanto.

Recomendei que ele levasse pessoas de confiança e preparadas para apoiá-lo na reunião. Essas pessoas poderiam complementar seu discurso, fazer comentários pertinentes, ajudar a responder perguntas, acenar com a cabeça em sinal de concordância, oferecer conforto e o ajuda a manter a calma.

Seus aliados podem dar suporte em outras coisas simples e práticas, como abrir a porta para que alguém que se atrasou possa entrar, liberar o acesso a uma reunião virtual, resolver eventuais problemas com os slides, entre outras formas de apoiar sua apresentação.

Qual dessas técnicas você vai colocar em prática primeiro para lidar melhor com o seu nervosismo?

Ter aliados para dar suporte técnico e emocional é sempre bom.

"Tive a oportunidade de participar do treinamento da All Presentations e a experiência foi incrível. Com muito repertório e profissionalismo, Alê ensina a transformar apresentações corporativas em momentos claros, objetivos e impactantes, unindo técnicas de oratória e domínio emocional."

VIVIAN WOLF

Head de T&D Grupo Bimbo

CAPÍTULO 5:

CLAREZA GERA **RESULTADO**

SUA **VOZ** PRA JOGO

"Pensar é o trabalho mais árduo que existe, por isso, tão poucos se dedicam a fazê-lo".
Tom Ford

Uma das perguntas que mais escuto em minhas palestras é: como organizar as ideias de um jeito claro e envolvente?

Antes de abrir o PowerPoint, antes de pensar no gráfico, antes de reaproveitar o slide da apresentação do colega (quem nunca fez o famoso catadão?), é preciso **reflexão** para ser capaz de transformar informações, dados e números em uma narrativa poderosa.

A comunicação de valor elimina excessos e mantém a essência. É equilíbrio entre técnica e sensibilidade; vai além de transmitir uma mensagem, mas faz com que ela toque, engaje, conecte. **E é disso que vamos falar neste capítulo.**

Adam Neumann é o fundador da WeWork e não precisou de uma longa apresentação ou números detalhados em um primeiro momento para convencer Masayoshi Son, CEO do Soft Bank, a investir em sua empresa. O que conquistou o bilionário japonês foi a energia e a visão de Neumann.

Durante a reunião em Tóquio, em 2016, Son foi acompanhado por Adam enquanto se deslocava de carro para sua próxima reunião e, em menos de 20 minutos, decidiu investir US$ 4,4 bilhões na WeWork.

Neumann soube vender seu peixe. Ele falava da WeWork como algo muito maior do que escritórios compartilhados, dizendo estar "revolucionando a forma como as pessoas vivem e interagem". Essa abordagem inspiradora, o potencial do negócio e sua personalidade carismática foram determinantes para conquistar Masayoshi Son e outros grandes investidores.

Mais do que se prender a gráficos, dados e números, aprenda a ser estratégico **e eleger o que importa na hora de falar.**

Há alguns anos conheci Sofia Esteves, fundadora de uma das maiores empresas de recrutamento e seleção do país – o grupo Cia de Talentos. Ela havia sido convidada a palestrar em um evento de empreendedorismo para falar sobre sua trajetória de sucesso e inspirar empreendedores.

E aí veio o desafio: como encaixar uma vida inteira de aprendizados em apenas 25 minutos?

Foi como brincar com peças de Lego: eram mil possibilidades, mas foi preciso abrir mão de várias histórias incríveis da Sofia para eleger o que era fundamental na fala dela dentro do tempo previsto.

Foi um tecer de ideias para trazer sintonia entre a personalidade, as mensagens cruciais que ela queria passar, **sua história, e claro, o foco no objetivo do evento.**

"Fazer esse mapeamento na construção da minha palestra me trouxe um misto de sentimentos e desafios. As histórias já estavam na minha cabeça, mas ganharam vida, clareza e significado, quando as contei. Percebi que tudo se torna mais poderoso quando aprendemos a eleger o que compartilhar para levar a audiência até a mensagem que queremos deixar na sua mente."

Sofia Esteves

Sofia é uma das pessoas mais gentis que tive o prazer de conhecer ao longo desses anos. Ela estava acostumada a fazer apresentações, mas uma palestra em que teria de falar muito de sua própria jornada era algo novo. Reviver a própria história no palco exigiu um trabalho árduo de preparo para que as emoções fossem o tempero de sua fala em vez de algo que pudesse sabotá-la.

No final, ela foi aplaudida de pé e a palestra acabou sendo publicada no Youtube e tendo milhares de visualizações. Sofia segue fazendo palestras e continua inspirando a todos por onde passa. Ela lidera o Instituto Ser+, que auxilia jovens em situação de vulnerabilidade social a identificarem seus talentos e conquistarem o primeiro emprego. Sua marca pessoal é reconhecida pela ousadia, humanidade, persistência e generosidade. E quem convive com ela sabe: Sofia é exatamente assim.

* O STORYTELLING DA APRESENTAÇÃO

Lembra quando, no começo do livro, abordamos o storytelling com ênfase na marca pessoal num contexto mais amplo? Agora, o foco são **apresentações corporativas.** Vou mostrar outra técnica para mapear as mensagens pertinentes ao fazer uma apresentação no trabalho.

No exemplo acima, você viu uma mescla entre história de vida e assunto técnico. Eu estava falando de uma palestra sobre empreendedorismo, e por isso foi preciso olhar para as histórias pessoais por duas perspectivas: **a pessoal e a profissional.**

No exercício de diagnóstico a seguir, você vai encontrar algumas perguntas essenciais que fazem parte da fase que eu chamo de **Mapear**. Ela pode ser usada para preparar sua apresentação comercial ou de resultados, pitch para investidores, lançamento de um novo produto ou serviço... as aplicações são muitas. A prática do diagnóstico é uma grande aliada na hora de construir sua apresentação estratégica.

Atenção: eu sei que a sua rotina é uma correria e o tempo é curto, mas, se você reservar 15 minutos para este diagnóstico antes da sua apresentação, sua comunicação vai melhorar significativamente. Depois deste exercício, tenho certeza de que você vai alcançar seu objetivo ao final da conversa.

INVESTIGAR

O primeiro passo para construir sua história é investigar, mapear as informações.

STORYTELLING = INVESTIGAR + CONSTRUIR + CONTAR

Como mapear as informações mais importantes?

Ser conciso vai além de falar pouco, mas comunicar de modo objetivo o que importa **para gerar esclarecimento e influenciar as pessoas.**

Fazer diagnóstico ou planejamento é como ter um GPS das apresentações. O levantamento dirá qual o melhor caminho e o mais rápido se quiser envolver e influenciar sua audiência. Sempre que tiver uma apresentação, reflita e responda para si mesmo as questões abaixo. Você vai ver na prática como ficará muito mais fácil. Vá em frente e sinta sua mente se iluminar!

Os passos a seguir vão ajudar neste diagnóstico. São cinco pontos de atenção no processo.

Objetivo ······ Audiência ······ Tempo

Recursos ······ Apresentador

Objetivo

Para quê você vai fazer essa apresentação?

Você precisa ter muito claro **para quê** e, às vezes, a primeira resposta que vem à mente é muito superficial. Alguns dizem: "É para compartilhar os dados". Se fosse só para isso, a apresentação poderia ser enviada por e-mail. Acredito que metade das apresentações sequer aconteceriam se as pessoas fizessem essa pergunta antes de convocar uma reunião.

Tenha em mente **o que** você quer que sua audiência **pense, sinta ou faça ao fim da conversa**. Isso vai ajudar a guiar seu discurso e não deixar você escorregar em argumentos que afastem do seu objetivo.

Audiência

Descobrir mais sobre quem vai ouvir também é essencial. Pode parecer óbvio, mas muitas pessoas são contratadas por grandes empresas para palestrar e nem fazem ideia de quem está na audiência.

> Assuma o lugar de investigador e **descubra mais sobre as pessoas.**

Lembro-me de uma cliente do segmento de logística que precisava de suporte com as apresentações porque usava o mesmo material para falar com diretores, analistas e público externo. Onde estava o erro? Públicos diferentes exigem abordagens específicas.

O quanto as pessoas sabem a respeito do que você vai abordar? Mais que você? Cuidado: é hora de se preparar em dobro.

Ou sabem menos que você? Então é preciso ser mais didático, dar mais exemplos, ter cuidado com termos técnicos.

Percebe o quanto conhecer sua audiência pode ser decisivo em qualquer tipo de apresentação?

Procure saber também qual é o principal interesse da audiência a respeito do que vai falar e que tipo de objeções podem surgir.

Hoje em dia, você pode inclusive usar as redes sociais a seu favor para saber mais sobre o outro. O próprio ambiente da empresa e estilo de evento também revelam muito sobre a cultura da empresa e das pessoas que ali trabalham. Observe e perceba as pistas.

Tempo

Uma cliente nos procurou após ter sido "convidada" educadamente a se retirar do palco em um grande evento em que palestrava.

"Alê, fiquei tão envergonhada. Foi quando percebi que precisava de ajuda para escolher o que abordar na palestra. Não dava para falar tudo!"

Ela havia estourado o tempo previsto para sua fala em 30 minutos. Eu sei que você também teria uma centena de justificativas na ponta da língua:

"Eu tinha muito conteúdo para compartilhar."

"O tempo era pouco."

"Eu me empolguei porque as pessoas estavam interessadas."

"Eu posso porque sou o chefe."

Mas a verdade é que, seja você quem for, posso garantir que ultrapassar o tempo previsto soa indelicado e gera nas pessoas uma percepção de desorganização da sua parte.

Para evitar essa gafe, pergunte: quanto tempo terei para apresentar? Se você tem 15 minutos, por exemplo, precisa se preparar para ser sucinto.

Lembre-se de deixar uma margem de segurança.

Faça uma estimativa de tempo para o quebra-gelo, bate-papo inicial e possíveis perguntas ao final da sua fala.

Mas como dimensionar o conteúdo sem perder a lógica criada?

Sabemos que a realidade pode mudar, imprevistos acontecem, mas planejar é imprescindível, mesmo se você **precisar fazer ajustes depois.**

Se você tiver 20 minutos para uma apresentação, use o esquema abaixo como estimativa para gerir seu tempo:

TEMPO

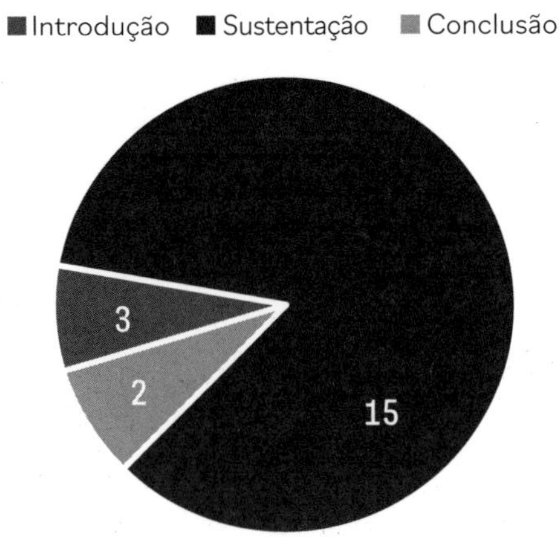

Faça uma introdução de três minutos, a sustentação do tema em média 15 minutos e conclua em 2 minutos. Essa é uma média para servir de referência, mas sempre leve em consideração a necessidade de deixar espaço para perguntas e debates, a depender do perfil da audiência.

Quando trabalhamos no roteiro geral em convenções, nosso time costuma preparar a narrativa horizontal do evento, ou seja, desenhamos a programação completa e a sequência de apresentações e interferências a serem feitas pelo mestre de cerimônia entre as palestras.

É importante ter esse olhar amplo para evitar redundâncias, incoerências e pontas soltas no evento. Ter a visão macro e micro é ótimo para organizar melhor seu tempo de participação no evento.

Recursos

Fazer uma apresentação é disputar a atenção das pessoas com mil outros estímulos. Agora, imagine ter de fazer uma palestra em meio a um jantar de negócios entre amigos de longa data que não se veem há meses?

Você teria de disputar com a comida sendo servida, o vinho e a vontade que as pessoas têm de colocar a conversa em dia. Difícil? Claro, mas...

Se você está bem preparado, consegue fisgar a atenção do **seu público mesmo quando existem distrações.**

Tivemos um cliente que vivenciou essa experiência e durante o ensaio conosco, simulamos a apresentação com interferências múltiplas. Coloquei um som ambiente barulhento, nosso time se movimentava na sala e trocava de lugares de propósito, sempre com conversas paralelas... tudo com a intenção de ajudá-lo a se preparar e manter a concentração ainda que o contexto fosse desfavorável.

Percebe a importância de saber antes **onde** você fará a apresentação.

Quais recursos poderá usar? Slides, vídeos? Vai ser uma apresentação gravada, online, presencial?

Às vezes, a gente pensa que tudo tem que estar no slide, mas em vez de lotar sua apresentação de informação, que tal criar um PDF complementar e deixar no slide somente o que servirá de lembrete para o seu discurso? Assim, você evita que ele dispute a atenção da audiência com você.

Se todo o texto está na tela, as pessoas tendem a ler e se desligar do que você fala. O que você diz deve receber mais destaque do que o slide, que eu considero apenas como um material de apoio da sua apresentação. Tenha em mente que você não está ali só para ler as informações projetadas.

Apresentador

Você tem domínio do que vai dizer? Qual a sua reputação para falar sobre esse tema? Uma vez, assisti um curso sobre gestão do tempo em que o instrutor chegou atrasado. Foi engraçado, porque ele mesmo brincou com o fato ao iniciar a aula. Ele sabia que a reputação dele perante as pessoas naquele momento estava incoerente com a mensagem que seria apresentada. Como alguém que chega atrasado e demonstra não administrar bem o próprio tempo pode ensinar o tema? Parece insensível, mas são pensamentos e objeções que se instalaram na mente das pessoas que estavam ali.

Saber como sua imagem interfere na mensagem que **transmite é fundamental.**

CONSTRUIR

Vamos para o passo seguinte, que é a construção da sua história.

Storytelling = MAPEAR + CONSTRUIR + CONTAR

Ao se preparar para uma apresentação, você tem todos os ingredientes em mãos para ofertar um banquete. Mas algumas pessoas ainda não aprenderam que qualidade é diferente de quantidade. Para preparar um prato saboroso, é preciso escolher bem os ingredientes e temperos que harmonizam e entregam o sabor desejado. Ninguém sai misturando tudo de modo aleatório.

Cachorro-quente com risoto. Vinho tinto e suco de laranja. Salada acompanhada por capuccino. Separados são deliciosos, mas tudo junto me parece um tanto exótico.

Algo parecido acontece com algumas apresentações: na ânsia por falar tudo que parece importante, vai-se enchendo de dados, números, imagens e, ao errar a mão no tempero, o apresentador perde a oportunidade de mostrar seu talento e saciar a fome da audiência. Essa é a receita da frustração.

Os componentes de uma apresentação são como os ingredientes de um prato: precisam ser escolhidos **com cuidado, combinados e servidos no ponto certo.**

Assim como em um menu requintado, é preciso eleger o prato principal, **a mensagem central que você deseja deixar para as pessoas.**

Construir um roteiro recheado de **argumentos** que harmonizem e levem as pessoas a uma experiência de encantamento é essencial.

Encantar é mais do que despertar a atenção, é ser capaz de manter todos interessados em saber o que está por vir. É educar a sua audiência sobre o que é realmente uma apresentação de qualidade. É permitir que todos apreciem o conhecimento como se comessem um pudim de leite.

Desenvolver a habilidade de comunicação torna você apto a transformar simples **ingredientes em uma refeição única a ser apreciada.**

O que você tem servido para a sua audiência até então?

Fazer o roteiro da apresentação é fundamental para organizar a mensagem de modo coerente e mais adequado para ser compartilhado com as pessoas.

A estrutura que vou compartilhar abaixo com começo, meio e fim não é nenhuma novidade para a maioria das pessoas. O pulo do gato está na seleção das informações e na elaboração das cenas para criar uma lógica ao longo de cada ato e entre eles.

Importante: o que vou compartilhar serve para uma apresentação online ou presencial, ao vivo ou gravada, para você elaborar o roteiro de um vídeo de dois minutos ou desenhar uma aula de dois dias, para fazer sua live ou mesmo criar seu curso online do zero.

A importância da mensagem central

As melhores palestras TED são aquelas em que o apresentador consegue equilibrar os próprios interesses e os da sua audiência, mostrando como sua mensagem pode fazer a diferença na vida das pessoas.

A regra número um de qualquer palestra TED é definir a mensagem central e como todas as outras mensagens vão trabalhar para **conduzir o público até lá.**

O COMEÇO Introdução Tempo: 20%	O PORQUÊ Sustentação Tempo:70%	O DESFECHO Conclusão Tempo: 10%
• Desperte a atenção das pessoas ao dizer a que veio ou provoque curiosidade.	• Compartilhe os argumentos. • Gere esclarecimento ao conectar razão e emoção.	• Resgate as mensagens fundamentais. • Faça o call to action. • O que você quer que a sua audiência pense, sinta ou faça? Provoque!

O começo - Introdução

É no início que você fisga, atrai a audiência para o tema e faz com que as pessoas se sintam genuinamente inclinadas a fazer aquilo que você está sugerindo que façam. Evidencie sua mensagem central.

- Quando as pessoas forem embora, do que vão se lembrar?
- Se sua apresentação tivesse uma hashtag, qual seria?
- Se fosse uma notícia, qual seria a manchete?

> A palavra-chave é adequação. Pense no seu público, no **objetivo e defina a melhor maneira de abordá-lo.**

Ter frases assertivas com a mensagem principal vai ajudar as pessoas a captarem seu recado. Aliás, se você está em busca de atrair leads qualificados para o seu perfil ou o perfil da sua empresa nas redes sociais, eis uma estratégia poderosa: **evidencie a mensagem central no alto do vídeo, com o texto em destaque na imagem**. Isso facilita que o tema instigue as pessoas a clicarem e assistirem.

Abaixo, vou compartilhar com você algumas técnicas simples para começar sua apresentação despertando a atenção:

Direto ao ponto · Questionamento · Vulnerabilidade

Provocativa · Retrospectiva · Metáfora

Desafio x Solução · Piada

1. Direto ao ponto

Eis o meu jeito favorito de começar uma conversa.

> *"O mais valioso de todos os talentos é nunca usar duas palavras quando apenas uma resolve."*
> ***Thomas Jeferson, 3º presidente dos EUA***

Concordo com ele, porque adoro ouvir quem é sucinto, claro e diz logo de cara a que veio. Ir direto ao ponto em uma apresentação é uma estratégia coringa e pode fazer você conquistar a admiração da audiência.

Meu time na All Presentations e até alguns clientes já sabem da minha predileção por gente que conversa sem enrolação. Cada vez que alguém é conciso durante sua apresentação, um anjo ganha asas no céu.

Ainda mais nos dias de hoje em que estamos soterrados de informações, cursos para fazer, livros para ler, redes sociais e mensagens para atualizar.

Brincadeiras à parte, sei que é desafiador para a maioria das pessoas conseguir distinguir o que é uma informação imprescindível e o que pode ser descartado.

O meu objetivo é mostrar caminhos para, mesmo tendo pouco tempo no dia a dia, **conseguir se preparar e falar de modo mais sucinto e certeiro.**

Comece pela conclusão: a mensagem central que quer compartilhar e mantenha o foco no objetivo da apresentação.

"Nós não alcançamos a meta. Vou explicar o porquê e o que vamos fazer daqui em diante para mudar o resultado."

Se for para prestar contas a respeito de um projeto, mostre os resultados. Descreva os benefícios concretos e dê menos importância aos adjetivos.

Acredite: é a abordagem mais prática, porque vivemos em um contexto de excesso de informação e tempo escasso. As pessoas vão agradecer pela informação irrelevante que você NÃO deu.

Essa dinâmica é ideal nos seguintes casos:

- Apresentações para o Conselho ou diretoria da empresa
- Reuniões com pessoas que têm agenda muito cheia.
- Apresentações para pessoas com uma maratona de reuniões diárias e que estão sempre correndo contra o tempo.
- Ou quando você precisa dar uma notícia ruim. Nada de dourar a pílula.

2. Questionamento

Comece com uma pergunta e por alguns segundos provoque a reflexão a respeito do assunto.

Com esta técnica, você incentiva a participação das pessoas. Só tenha cuidado com perguntas em que a resposta é sim ou não. Elas podem sabotar porque é comum ter na audiência quem faz questão de ser do contra. Se a sua expectativa é que todos respondam sim, esteja pronto para argumentar se alguém disser: "Ah eu não vejo assim". Esse tipo de abordagem exige jogo de cintura.

Cuidado também para não virar um chato. Nada é pior que aquele palestrante que pergunta o tempo inteiro e fica apertando a audiência.

As perguntas são úteis para provocar participação, mas **use-as com moderação.**

Gosto das perguntas-retóricas, aquelas que você faz sem o intuito de que alguém responda. Elas ajudam a manter as pessoas antenadas, geram reflexão e mantêm as certezas em suspenso.

Amy Cuddy, que mencionei anteriormente, pratica todos os recursos linguísticos que comentamos no último capítulo. Ela provoca a reflexão e pede a cada um que observe a si mesmo. Em outro momento, Amy se emociona contando um trecho da própria história. No vídeo, dá para notar que é instantânea a reação da plateia a cada um desses momentos. Além dos ingredientes principais, que é o que ela tem a dizer, Amy usa um tempero original para manter corações e mentes abertos:

"Quantos de vocês estão meio que se encolhendo? Talvez corcundas, cruzando as pernas, talvez cruzando os tornozelos. Às vezes, nós nos seguramos em nossos braços assim. Às vezes, nos abrimos. (Risos) Estou te vendo. (Risos) Quero que vocês prestem atenção no que estão fazendo agora. Voltaremos a isso em alguns minutos, e espero que, se aprenderem a se ajustar um pouquinho, isso mude a maneira como sua vida se desenrola."

Amy Cuddy, pesquisadora de Harvard

3. A vulnerabilidade

Brené Brown, também palestrante do TED Talks e que está entre as cinco mais visualizadas da história, diz que quando as pessoas falam de si mesmas, geralmente, são "campeãs invictas". Nosso currículo, normalmente, é um compilado de finais felizes, assim como nossos posts no Instagram.

Mas que tal mostrar o outro lado? Os conflitos, os dilemas, aquilo que pode conectar você com sua audiência. Essas histórias servem para cativar, mas mais do que isso, para mostrar nossa humanidade e força.

Contar histórias que estejam relacionadas ao propósito da sua apresentação e que sejam autênticas, de fato, podem fazer você se conectar de modo **emocional com sua audiência. Este é um excelente recurso para sustentar o foco.**

Um alerta, porém: sou contrária à ideia de compartilhar questões ainda mal resolvidas para você. Fazer uma apresentação significa escolher como e o quê compartilhar. Para que sangrar em um tanque de tubarões, chamando atenção para aquilo que ainda desestabiliza você?

Seja INTELIGENTE na hora de ser vulnerável, também. Eu compartilhei ao longo do livro como a síndrome do pânico me afetou há alguns anos. Hoje, posso falar a respeito disso porque me sinto fortalecida e posso incentivar outras pessoas a buscarem ajuda. Isso gera identificação, me aproxima de muitas pessoas, mas sem me desestabilizar como no passado.

4. Provocativa

Na palestra de Dalia Mogahed, pesquisadora de questões culturais e muçulmanas, para o TED Global, ela provoca a plateia a relembrar onde estavam no dia 11 de setembro, com o intuito de trazer à tona o preconceito sofrido pelo povo muçulmano diante da tragédia americana. Dalia retrata o preconceito que sentiu na pele provocando uma reflexão sobre o tema.

Em certo momento, ela pede para os ouvintes se imaginarem no lugar dela e de todos os muçulmanos que sofreram preconceitos no mundo todo, diante do estigma que os relaciona ao terrorismo:

> *"Não só meu país tinha sido atacado, mas, em um instante, as ações de outras pessoas me transformaram de cidadã em suspeita."*
> ***Dalia Mogahed***

Repare que ela gera desconforto na audiência e confronta as pessoas em níveis que talvez não tenham vindo à tona, mas estão presentes em suas mentes.

Essa é uma abordagem ousada e poderosa, desde que usada com estratégia e pertinência.

Não tem abordagem melhor ou pior para uma apresentação, **só a mais adequada.**

A abordagem provocativa é capaz de tirar as pessoas do lugar-comum. Lembro-me de participar de um evento em que o palestrante logo na abertura usou um vídeo de uma mulher linda recebendo flores e com um hematoma no olho esquerdo. Na próxima cena, aparece a mesma mulher bem arrumada, toda elegante com o braço quebrado, recebendo outro buquê de flores. Na última cena, havia uma coroa de flores sobre seu caixão. O vídeo se encerrava com a frase:

"Em briga de marido e mulher,
a gente mete a colher".

O intuito era provocar cada pessoa a jamais ser omissa diante do feminicídio crescente em nosso país. Aquilo deixou muita gente com um nó na garganta.

5. Retrospectiva

É quando fazemos um resgate do passado para valorizar o presente. Pense na sua empresa, relembre a trajetória e mostre como está hoje.

Vou exemplificar com a história de um dos maiores bancos do Brasil.

"*O Bradesco foi criado em 1943 na pequena cidade de Marília. Começamos com 2 funcionários, depois de 10 anos tínhamos 300, e hoje somos mais de 40.000 pessoas espalhadas por todo o Brasil.*"

Ao retomar suas origens no interior de São Paulo, o Bradesco criou uma linha do tempo do crescimento da companhia.

6. A metáfora

A abordagem metafórica consiste em fazer uma comparação ou mobilizar algum conceito já conhecido para explicar uma ideia ou mensagem.

Quando eu atuava como roteirista de apresentações, desenvolvi a palestra do CEO de uma grande indústria de chocolates para um evento sobre empreendedorismo.

A ideia para a construção do conceito-base da palestra nasceu em uma visita que fiz à fábrica.

O cheiro do ambiente, a produção dos chocolates que seduz só com o visual e a reunião cheia de bombons foram a inspiração para a palestra que intitulei "Empreendedorismo em todos os sentidos".

No roteiro, brincamos com os sentidos humanos: visão, audição, tato, olfato, paladar, e claro, o sexto sentido.

À medida que o apresentador contava sua história inspiradora e compartilhava seus aprendizados e desafios de empreender do zero, a audiência vivia uma experiência sensorial memorável.

As imagens lindas do cacau na apresentação, o chocolate em diferentes formatos e os detalhes do processo de produção provocavam o público visualmente. Além disso, o aroma delicioso de chocolate invadiu todo o auditório como mágica, mas na verdade, foi a equipe de marketing que espalhou a essência pelo ambiente.

A história narrada por ele instigava as pessoas a escutar com toda a atenção. Ao final, o apresentador entregou em mãos os chocolates para toda a plateia saborear.

Sem dúvida, uma apresentação marcante que usou uma metáfora e o marketing sensorial **para deixar a mensagem marcada na mente do público.**

Mesmo uma palestra técnica pode ser criativa. Houve um congresso de dermatologistas em que preparei uma das médicas palestrantes e ela compartilhou como os hormônios afetam o nosso corpo. A metáfora que usamos foi musical: como o maestro de uma orquestra, os hormônios alteram o ritmo do nosso organismo.

A metáfora precisa contribuir para a compreensão da mensagem, sem jamais confundir a audiência. Se a sua metáfora é complexa demais, é melhor abrir mão dela.

7. O desafio e a solução

Você pode começar sua apresentação evidenciando um problema e, na sequência, mostrar a solução que encontrou para esse desafio.

Essa é uma estratégia que eu mesma utilizei em alguns dos meus workshops sobre como contar a própria história de modo poderoso e vender o peixe sem ser chato. Veja:

"Sabe aquela a sensação de que todo mundo tem uma história interessante, menos você? Que todo mundo sabe contar, envolver e transmitir a mensagem e você não?

A boa notícia é que, se participar do workshop Comunicação Eficaz, você vai descobrir aprendizados, curiosidades, talentos e forças escondidas ao longo da sua jornada. Vai aprender a fazer uma curadoria das suas melhores histórias."

8. Piada

Eu amo gente com senso de humor, mas fazer piada durante uma apresentação é para poucos.

> É fundamental avaliar se a brincadeira é adequada ao tema, contexto e ao seu **estilo como apresentador.**

Tim Urban, palestrante do TED Talks, usa o senso de humor para atrelar sua história pessoal com o mote de sua pesquisa sobre procrastinação. Em certo ponto da apresentação, ele nos prepara para olhar um córtex científico muito complexo com áreas do cérebro, mas o slide seguinte mostra que a diferença de um cérebro para o outro é a busca pela satisfação instantânea, representada pelo desenho de um macaco descontrolado que pega a direção do barco e deixa a razão em segundo plano.

Ele usa metáforas, ilustrações e piadas durante toda a sua fala. Fica muito evidente que suas escolhas de exemplos e dicas têm o intuito de fazer a plateia se divertir para, ao final, deixar uma mensagem bem definida e clara:

"Todos somos procrastinadores. Pegue as rédeas agora."

Ele ainda brinca ao final:

"Não precisa ser agora, agora, hoje. Pode ser amanhã. Mas prometa que será em breve."

E todos dão risada de seus próprios mecanismos de procrastinação, criando um clima de incentivo desvinculado do peso da culpa que muitas vezes ronda as pessoas no momento em que pensam sobre os aspectos de sua vida que precisam de atenção, mas seguem sendo evitados.

O porquê - Sustentação

Eu sou jornalista e aprendi que, ao escrever uma matéria, o primeiro parágrafo era sempre *o lide* da notícia. Ele devia resumir os pontos centrais.

LIDE: o que, quem, quando, onde, por quê, como, quanto.

Na sua apresentação, nem sempre você precisará responder a todas essas perguntas. Vai depender do que você mapeou na fase do diagnóstico.

Se a ideia for explicar o funcionamento de um sistema para um time, o "como" é fundamental, mas se o objetivo é angariar fundos para viabilizar um projeto, o "por que" e o "quanto" se tornam as perguntas mais importantes a serem respondidas, enquanto adentrar muito no "como" pode até se tornar um sabotador do seu tempo.

Liste no papel explicações e argumentos fundamentais que contribuem para levar a audiência até a conclusão desejada. A partir daí, agrupe as mensagens **em blocos de assuntos para facilitar a compreensão.**

Mostrar ao público a agenda da apresentação, aquele resumo em tópicos de tudo o que será abordado, é uma excelente estratégia porque, além de deixar mais didática, ajuda a alinhar expectativas, ainda mais quando a audiência é ansiosa. Outra vantagem é que ter uma agenda possibilita tornar sua apresentação modular e mais funcional.

É comum atender clientes que trabalham em empresas atuantes em diversos segmentos. Em um desses casos, criamos uma agenda no meio da apresentação contendo os múltiplos setores de atuação e as soluções específicas que a empresa oferecia a cada um:

- Varejo
- Logística
- Hospitalar
- Indústria
- Banco

Assim, a introdução e a conclusão dessa apresentação institucional eram sempre as mesmas, mas o "miolo" mudava de acordo com o setor dos interlocutores. Afinal, qual é o sentido de mostrar os serviços oferecidos para empresas de varejo, sendo que o potencial novo cliente da empresa é um banco? Soaria chato.

Ser pertinente é a melhor maneira de se conectar com **as pessoas e conquistar sua confiança.**

Mostre que você saiu do automático e de seguir uma apresentação padrão, adaptando o conteúdo de acordo com cada situação e andamento da conversa com o cliente.

O DESFECHO - CONCLUSÃO

ERA SÓ ISSO AÍ...

Ao concluir sua apresentação, é essencial que você tenha em mente o que quer que a sua audiência **pense, sinta ou faça** a respeito do que acabou de apresentar.

Ao longo de mais de uma década participando de grandes eventos, pude ver profissionais de todos os níveis hierárquicos escorregando em armadilhas das quais você terá a chance de esquivar.

Já vi excelentes apresentações botarem tudo a perder ao desperdiçar o apelo da conclusão, enfraquecendo a palestra e deixando uma impressão medíocre do que até então poderia ser um momento de inspiração.

Se você é do tipo que diz "bom, era isso aí" ou "meu tempo acabou, queria ter me aprofundado mais" ao final de uma apresentação, pare imediatamente.

Quem termina com um simples "obrigado!" ou escolhe uma frase clichê também está perdendo tempo — **seu e da audiência.**

Tudo isso gera uma sensação na audiência de que o tempo foi desperdiçado.

Agradecimentos em excesso, pedidos de desculpas por tomar o tempo das pessoas ou ainda terminar com uma frase clichê também são péssimas escolhas.

Aproveite o encerramento para resgatar as mensagens elementares e provocar **a audiência a fazer aquilo que você quer.**

Nos workshops e mentorias da All Presentations, nosso time ensina inúmeras formas de encerrar sua apresentação, mas vou trazer aqui alguns caminhos.

Se for uma reunião de resultados:

- Os próximos passos são...

- Nossa próxima reunião será dia xx/xx para checar o status das ações
- Ficou claro o que cada um precisa enviar até o dia xx/xx?

Na reunião de projetos:

- Ficou alguma dúvida? Podemos seguir em frente?
- É você quem valida? Vamos agendar uma reunião com os demais decisores?
- Vamos começar a implementar no dia xx/xx, combinado?

Na apresentação para fechar negócio:

- Posso considerar a proposta validada com esse escopo?
- Fechado? Então vamos agendar a data da reunião de início de parceria.
- É uma oferta exclusiva com esse bônus que só vale até hoje, vamos em frente?
- É a data limite para segurarmos a oferta, vamos fechar agora?

Para engajar a live:

- O que você vai colocar em prática hoje depois dessa live?
- Envie para quem precisa aprender sobre o assunto também.
- Comente aqui o seu principal aprendizado na live de hoje.
- Quem você deseja ouvir em uma conversa sobre o tema xxx na próxima live? Conta pra mim.

Um bom exemplo de encerramento excelente é a palestra TED Talks de Susan Cain, advogada, pesquisadora e autora de *O poder dos quietos*. Ela provoca a todos ao fim da apresentação, sejam extrovertidos ou introvertidos, a compartilhar seu conhecimento e experiências, pois todos temos algo precioso a dividir com as outras pessoas. Nesse sentido, Susan convida a audiência (tanto a presencial quanto a futura audiência online) a adotar um novo modo de agir, levando a conclusão em direção a uma atitude de reflexão:

"Introvertidos, sendo vocês mesmos, provavelmente têm o impulso de guardar cuidadosamente o que há dentro de sua "mala". E está tudo bem. Mas, ocasionalmente, só ocasionalmente, espero que abram sua mala para as outras pessoas verem, porque o mundo precisa de vocês e das coisas que carregam. Desejo-lhes a melhor de todas as jornadas possíveis e a coragem para falar suavemente."
Susan Cain

Ela faz a chamada para a ação!

Use o storytelling para mapear, construir e contar a história que você quer tornar memorável **na sua apresentação.**

Aplique as diferentes técnicas de abertura, sustentação e conclusão para criar uma argumentação sólida e não deixar a peteca cair em nenhum momento.

No meu Instagram, eu detalho mais exemplos e dicas práticas para o roteiro da sua apresentação.

Qual é o seu maior desafio após ler este capítulo? Envie uma mensagem direta para mim e vamos conversar sobre isso.

Tive o prazer de desenvolver 2 projetos de storytelling, nos quais ela foi roteirista e coach (ensaio do apresentador) e foi sensacional, pois além de muito capaz tecnicamente, é uma pessoa sensível e acolhedora. Um dos projetos que desenvolveu comigo teve mais de 70.000 visualizações no Youtube, com alta repercussão de qualidade. Recomendo a All Presentations e espero poder ainda desenvolver outros lindos projetos.

SOFIA ESTEVES

Sócia-fundadora da Cia de Talentos, colunista Época Negócios

FUTURO
– PROJETANDO O "EU" DE AMANHÃ

CAPÍTULO 6:

CONTROLE SUA **MÁQUINA**

ALESSANDRA BRAGA DE MIRANDA

SUA **VOZ** PRA JOGO

"Se o meu futuro fosse determinado apenas pelo meu desempenho em provas e testes padronizados, eu não estaria aqui, te garanto isso."
Michelle Obama

Comecei a autoescola no dia em que fiz 18 anos e meu instrutor era um senhorzinho de bom coração. Não estou falando de bondade, mas de aguentar grandes emoções.

Seu Teixeira era meu vizinho numa rua estreita chamada Rio Pomba, que os motoristas de ônibus pareciam pensar ser uma pista de corrida. Em média, uns 10 ônibus por minuto passavam por lá a uma velocidade que até fazia tremer as janelas das casas.

Hoje, existem muitos semáforos a cada cruzamento, mas na minha época, não era assim. Foi aí que houve um problema.

Deixei o Fiat Uno, aquele modelo quadradinho, morrer no meio do cruzamento durante uma aula de direção. Ao olhar para o lado direito, avistamos um ônibus vermelho vindo na nossa direção. Vi aquele senhor sereno se transformar em um instrutor pálido e desesperado ao meu lado no carro: "Vai Sanda, controle sua máquina... liga o carro. Vai Sanda!"

Hoje é engraçado, mas no dia encerramos a aula por ali na expectativa de dias melhores. Consegui minha carta de motorista há mais de 20 anos e vivo a liberdade de ir e vir. Aprendi a dominar a minha máquina. Olhar o retrovisor, controlar a embreagem, passar a marcha (agora, nem precisa mais), dar seta, lidar com motoristas imprudentes, tudo isso se tornou uma habilidade intuitiva.

Pense no seu corpo como uma máquina. Já reparou o que acontece com ele em uma conversa desafiadora ou durante uma apresentação decisiva? Você controla sua máquina ou se torna um carro desgovernado? Consegue levar sua fala adiante ou sente tudo travar na hora do aperto como o carro que morre no meio da avenida?

São tantos os instrumentos que você pode usar na sua comunicação: sua voz, sua expressão facial, o seu olhar, a sua postura, sua movimentação, suas palavras, as pausas. Parece difícil demais sincronizar tudo de modo a passar confiança.

Por isso, vou mostrar alguns itens importantes que precisam estar em sintonia para que a sua comunicação flua e você controle sua "máquina" a ponto de isso se tornar uma competência natural.

É preciso coragem para aprender: experimentar, errar, repetir, evoluir e encontrar o seu jeito. Mas, na hora de colocar o carro na avenida, fica cada vez **mais fácil ganhar velocidade e encontrar a sua forma de guiar.**

É preciso encontrar o seu estilo de comunicação para falar com confiança. Mas como ser uma versão melhor do que você é hoje? Vou mostrar alguns caminhos.

* ESTILOS DE COMUNICAÇÃO

Pegue emprestado	Postura e gestual	Caras e bocas	Conexão visual
Empatia x simpatia	A voz	Vícios de linguagem	Imagem pessoal

Pegue emprestado

Você já fez algum ensaio fotográfico? Pode ter sido no seu casamento, para registrar a gravidez ou por causa do seu trabalho. É sempre você ali diante da câmera, mas com objetivos diferentes.

No casamento, o ensaio transmite romantismo; na gestação, o momento de encantamento à espera do bebê; no trabalho, as imagens servem para inspirar profissionalismo e excelência.

Para cada sessão de fotos, há intenções diferentes. Consequentemente, roupas, cenários e outras escolhas criativas vão variar. Aliás, a internet é um mar de referências de poses e expressões para se inspirar antes de um ensaio fotográfico. O Pinterest, por exemplo, é uma ótima fonte de ideias para quem quer absorver, mimetizar e descobrir como se expressar nas imagens. Agora, pense na sua comunicação. Quem pode inspirar você? Quais são as suas referências?

Veja o exemplo do saudoso Kobe Bryant, considerado um dos melhores jogadores da história do basquete mundial. Ele buscou aprimorar seu jogo estudando o estilo de Michael Jordan e incorporou vários elementos em seu próprio repertório. Kobe modelou seus movimentos ofensivos e assimilou a mentalidade competitiva do rival. E, de tanto imitar o Jordan, ele encontrou o seu próprio jeito de jogar, também com excelência.

Reflita e anote o nome de duas pessoas que você admira pelo modo como se comunicam.

Especifique duas características dessas pessoas que você gostaria de ter.

Nome	Características

Use postura e gestual a seu favor

Faça agora comigo um exercício simples, mas poderoso. Observe as pessoas que estão no mesmo ambiente que você neste momento. Escolha uma delas e preste atenção nos detalhes. Como estão os ombros, as pernas, qual a forma como ela anda e gesticula, sua expressão facial. O que você consegue captar? O que todos esses sinais dizem sobre ela, antes mesmo que ela diga alguma coisa?

Coerência é fundamental. A linguagem não-verbal é tão importante quanto o que você fala. **Há quem diga até ser mais importante.**

A linguagem corporal molda até mesmo como a gente se sente. Quando batemos uma meta ou vencemos uma corrida, queremos gritar, abrir os braços em "V".

Da mesma forma, quando estamos tristes encurvamos o corpo, abaixamos a cabeça. Quando alguém impõe uma postura de ameaça, demonstra isso com o olhar altivo, queixo erguido.

As nossas emoções modificam a nossa postura, **mas o inverso também funciona.**

Por isso, experimente fazer a pose de poder e entrar nos ambientes como se fosse o rei ou a rainha daquele lugar. Mesmo com medo ou desanimada, coloque as mãos na cintura como a pose de Mulher-Maravilha (ou Super-Homem). Mantenha o peito aberto e o queixo erguido por 2 minutos, inspirando e expirando profundamente. Ajustes pequenos feitos de modo intencional podem levar a grandes mudanças.

Caras e bocas

Você é daquelas pessoas que deixa literalmente na cara como se sente? Lembre-se: o que seu corpo está dizendo precisa estar em sintonia com o seu discurso.

O que significaria para as pessoas ver alguém sorrir numa reunião empresarial que vai acarretar em demissões em massa? Desrespeito, ironia, falta de consideração são só algumas das respostas.

Basta lembrar da cara fechada do chefe na reunião de resultados. Talvez ele esteja apenas prestando atenção, mas a fisionomia fechada dele faz você perder até o raciocínio durante sua fala.

O psicólogo Paul Ekman, maior pesquisador da atualidade quando o assunto são as expressões faciais, analisou pessoas em diversas culturas e detectou que algumas microexpressões faciais são universais, ao menos para as sete emoções básicas: tristeza, medo, raiva, alegria, aversão, surpresa e desprezo, não importando se você é chinês, etíope ou nasceu em Pindamonhangaba.

O conhecimento é usado para detectar mentiras por instituições como CIA, FBI, Scotland Yard, agentes americanos e pareceristas do Ministério Público.

Aliás, anote a dica: a série *Lie to Me* é ótima para exemplificar como expressões são reveladoras.

Quando você se emociona, o corpo demonstra. Você acredita expressar seus sentimentos com intensidade? Quer experimentar?

Exercício:

Faça um vídeo seu expressando com o rosto cada uma das emoções: tristeza, medo, raiva, alegria, aversão, surpresa e desprezo.

Observe como você move as sobrancelhas, a boca, os olhos, a testa, as bochechas. Veja o quanto você é expressivo ou não. A tarefa pode soar banal, mas é reveladora.

> Ser um observador das expressões das pessoas ajuda a se conectar melhor com elas, **desde que você mantenha seu papel de investigadora.**

Em vez de deduzir que o chefe está com a cara ruim por causa da sua apresentação, pergunte: "Alguma dúvida até aqui?".

A emoção é revelada no rosto, mas, para saber o que se passa na mente das pessoas, você ainda precisará perguntar.

No online, as expressões faciais ficam ainda mais em evidência, afinal, basta ligar a câmera para ser visto e ver o rosto das pessoas na tela durante as videoconferências.

Se você tem uma fisionomia mais séria, se policie para no dia a dia, a cada reunião, ter uma expressão mais convidativa e evitar mal entendido. Da mesma forma, se tem uma tendência a ser sorridente demais, cuidado para o excesso de simpatia não sabotar você em momentos que precisa tratar de assuntos sérios ou delicados.

Conexão visual

Você sabe usar o poder do seu olhar? Ao mirar nos olhos das pessoas, é como se você atravessasse um portal de conexão, já que isso:

- Gera aproximação
- Mantém sua atenção ao momento presente
- Evita os pensamentos aleatórios que levam você para longe da apresentação ou conversa
- Demonstra respeito pela audiência
- Permite ter pistas de como o outro reage à sua mensagem

Por outro lado, ao evitar contato visual de propósito, a mensagem que fica para o outro é:

"Está me ignorando..."

"Fulano nem me vê."

"Será que sou desnecessário aqui?"

Eu sei que parece óbvio, mas o óbvio precisa ser dito. Há alguns anos, ensaiei um dentista especialista em harmonização facial para uma palestra em um congresso internacional, com mais de mil pessoas na audiência. Em um de nossos treinamentos, pedi para que ele imaginasse que a sala onde estávamos era o auditório onde ele faria a sua apresentação. A imaginação é poderosa para o seu ensaio.

Na primeira vez que ele passou a apresentação durante o ensaio, ficou olhando para baixo o tempo todo, mas sequer percebeu. Pedi que ele repetisse a fala, e dessa vez, marquei pontos estratégicos na sala para representar pessoas importantes que estariam na audiência. Dividi a sala em quadrantes para que ele pudesse direcionar a atenção para cada ângulo e, dessa forma, durante sua palestra, fosse capaz dividir sua atenção e fazer com que a audiência toda se sentisse parte da conversa. Funcionou!

Mas e o online? Mirar nos olhos significa olhar para a câmera. Resista à tentação de observar apenas seu próprio rosto, cabelo e expressões. Gente que foca a própria imagem parece estar olhando para o nada enquanto fala e passa uma sensação de distração. Há ainda quem trabalhe com mais de uma tela e tende a apresentar olhando de lado para a audiência, algo que pode tornar seu público mais disperso.

Quer uma técnica simples? Cole um post it no seu monitor com uma seta apontada para a câmera. Isso ajudará você a manter os olhos no lugar certo.

Empatia X Simpatia

Um comunicador notável sabe ser empático antes e durante a apresentação.

Experimente aplicar a técnica do Diagnóstico que expliquei no capítulo anterior e que torna os argumentos mais robustos levando em consideração o que importa para a audiência.

Já reparou como tem gente que é simpática, mas zero empática? Aquela pessoa que ri para todo mundo, mas sequer percebe a cara de tristeza ou irritação das pessoas como reação durante a apresentação? A falta de empatia é a dificuldade em enxergar e se conectar com o outro, algo que prejudica nossas relações sociais e, evidentemente, impacta as apresentações.

Lembre-se: comunicação é para gerar conexão. Quando as pessoas estão mal, é preciso ouvir, sentir junto, acolher e evitar cair na tentação de relativizar o problema com uma frase tentadora que começa com "pelo menos".

"Fui demitido ontem!... Pelo menos sua esposa ainda trabalha".

"Minha apresentação no trabalho foi vergonhosa...Pelo menos você tem um trabalho".

Saber se conectar com o outro passa por alguns pontos importantes:

- Chame as pessoas pelo nome, em vez de "querida", "amigão" ou "florzinha"
- Aceite a possibilidade de reconhecer a perspectiva do outro como verdadeira
- Evite criticar e se deixar levar pelo julgamento automático
- Perceba como o outro se sente
- Acolha e escute

Nada é mais magnético do que alguém interessado e que **realmente escuta as pessoas.**

A voz

Lembra da última vez que você recebeu uma notícia incrível? Pode ter sido uma promoção, uma viagem dos sonhos agendada ou uma simples reunião desmarcada de última hora na sexta-feira à tarde (ufa...). Se você ligar para alguém do seu convívio, na hora em que disser "alô", a pessoa vai perguntar: "O que aconteceu? Por que está com essa voz animada?".

Klaus Scherer, pesquisador suíço, destaca que a nossa voz entrega as nossas emoções e é difícil camuflar o que estamos sentindo. Já parou para pensar quais emoções você transmite por meio da sua voz?

Escolha 3 características que descrevem sua voz:

____

____

____

Alegre	Trêmula	Cavernosa	Rouca	Potente	Monótona
Agressiva	Infantil	Doce	Afobada	Insegura	Sedutora
Simpática	Fanhosa	Confiante	Cansativa	Suave	Autoritária
Tímida	Estridente	Arrogante	Melodiosa	Chata	Tensa

Você articula bem a boca para falar? Consegue abrir os lábios por completo ou tem a fala entre os dentes?

Se você fala muito baixo, será julgado como alguém meio tímido; por outro lado, quem tem a voz estridente pode soar como alguém irritante. A boa notícia é que dá para usar as características naturais da sua voz, como o timbre e a entonação, a seu favor, sem renunciar a sua identidade.

Ter uma voz saudável já é meio caminho andado para aprimorar sua fala. Muitos dos nossos clientes na mentoria trabalham a expressividade vocal e aprendem a ter mais versatilidade no dia a dia.

Se você quer deixar uma impressão memorável nas pessoas, precisa dominar suas expressões e explorar a sua capacidade vocal.

Vamos praticar?

Grave uma mensagem no Whatsapp e envie para um amigo. Pergunte a ele qual emoção você expressou com sua voz (raiva, alegria, tristeza, medo etc.), e veja se bate com a que você escolheu interpretar.

Se preferir, use o texto abaixo:

Quase

Ainda pior que a convicção do não e a incerteza do talvez é a desilusão de um quase. É o quase que me incomoda, que me entristece, que me mata trazendo tudo que poderia ter sido e não foi. Quem quase ganhou ainda joga, quem quase passou ainda estuda, quem quase morreu está vivo, quem quase amou não amou. Basta pensar nas oportunidades que escaparam pelos dedos, nas chances que se perdem por medo, nas ideias que nunca sairão do papel por essa maldita mania de viver no outono.

Pergunto-me, às vezes, o que nos leva a escolher uma vida morna; ou melhor não me pergunto, contesto. A resposta eu sei de cor, está estampada na distância e frieza dos sorrisos, na frouxidão dos abraços, na indiferença dos "Bom dia", quase que sussurrados. Sobra covardia e falta coragem até pra ser feliz. A paixão queima, o amor enlouquece, o desejo trai. Talvez esses fossem bons motivos para decidir entre a alegria e a dor, sentir o nada, mas não são. Se a virtude estivesse mesmo no meio termo, o mar não teria ondas, os dias seriam nublados e o arco-íris em tons de cinza. O nada não ilumina, não inspira, não aflige nem acalma, apenas amplia o vazio que cada um traz dentro de si.

Não é que a fé mova montanhas, nem que todas as estrelas estejam ao alcance, para as coisas que não podem ser mudadas resta-nos somente paciência, porém, preferir a derrota prévia à dúvida da vitória é desperdiçar a oportunidade de merecer. Pros erros há perdão; pros fracassos, chance; pros amores impossíveis, tempo.

De nada adianta cercar um coração vazio ou economizar alma. Um romance cujo fim é instantâneo ou indolor não é romance. Não deixe que a saudade sufoque, que a rotina acomode, que o medo impeça de tentar. Desconfie do destino e acredite em você. Gaste mais horas realizando que sonhando, fazendo que planejando, vivendo que esperando porque, embora quem quase morre esteja vivo, quem quase vive já morreu.

SARAH WESTPHAL

Use sua voz como aliada. Pense no tom que a sua apresentação pede — drama, confiança, alegria — e direcione seus **esforços para conseguir transmitir isso na sua fala.**

É preciso experimentar, testar e treinar com intenção de desenvolver a oratória. A repetição à toa não leva à excelência; o que nos faz evoluir é fazer de novo com foco claro no que deseja melhorar.

"Vícios de linguagem"

Outra questão importante aqui são os marcadores da fala. Eles fazem parte do nosso vocabulário no dia a dia, mas, em excesso, se tornam cacoetes que enfraquecem a mensagem e a harmonia da fala, gerando uma percepção de confusão ou insegurança.

Alguns vícios de linguagem mais comuns:

"né?", "é...", "então", "tipo".

Mas como me livro deles? Só conseguimos melhorar a partir do momento que percebemos a presença dos vícios na nossa fala, por isso, o primeiro passo é observar.

Ouça os três últimos áudios que enviou para seus contatos e observe: tem marcadores da fala em excesso?

Você também pode contar com a ajuda das pessoas que convivem com você pedindo que elas sinalizem suas repetições.

A partir daí, passe a se policiar. Talvez se irrite consigo mesmo, mas é o primeiro passo para se livrar das manias indesejáveis.

Aproveite também para ampliar seu vocabulário. Às vezes, os vícios ganham espaço na nossa fala por falta de palavras mais apropriadas para expressar. Que tal buscar sinônimos?

Outra estratégia é relembrar as conjunções (porque, à medida que, entretanto, mas...), afinal, são elas as responsáveis por conectar uma frase à outra. Ter fresco na memória as principais te ajudará a trazer fluência para sua fala e evitar se ancorar em vícios de linguagem.

Essa mudança é um processo contínuo e pode levar algumas semanas, mas eu garanto que aos poucos você conseguirá transformar sua comunicação verbal.

Imagem pessoal

Acredite ou não, o jeito com que você se veste revela muito sobre quem você é e como se vê.

> Os símbolos, as cores e os elementos do vestuário impactam a sua autoconfiança **e a percepção que os outros têm a seu respeito.**

A roupa comunica valores, estilo, cultura, tribo, status, entre outras tantas coisas mais. O que escolhemos vestir pode afetar as pessoas que nos cercam nos ambientes em que circulamos.

Já sentiu vontade de se arrumar mais porque algum colega anda sempre nos trinques?

A imagem fala antes de abrirmos a boca. O cabelo, a roupa, os acessórios. Mais uma vez, é preciso saber se a sua imagem favorece ou sabota você no seu objetivo.

Preparei a apresentação de uma cliente consultora de imagem e ela foi palestrar em um evento de advogados. Como ela era muito irreverente, propusemos que abrisse a palestra com uma provocação.

Ela pediu que cada um ali olhasse para a pessoa ao seu lado na plateia e observasse o modo como esse indivíduo se vestia. A partir disso, provocou que cada um julgasse mentalmente quem era aquela pessoa.

Você pode imaginar o quanto pode ter sido desconfortável para muitos ali se sentirem avaliados pelo estranho sentado ao seu lado. De certo muitos pensaram: "Justo hoje que eu vim com esse sapato desgastado acontece algo assim...".

Na sequência, a palestrante explicou que levamos apenas 3 segundos para criar uma opinião sobre alguém que acabamos de conhecer e sobre a importância de estarmos sempre com a nossa vestimenta em dia. A nossa imagem abre portas ou cria "pedágios" desnecessários na vida.

Talvez você esteja aí pensando: "mas o Steve Jobs era um cara de sucesso e nunca foi estiloso!". E aí é que está: não estou falando de moda, mas 100% de intenção.

Steve Jobs sabia usar muito bem a própria imagem em prol do seu objetivo: a cada lançamento de produto ou aparição em público, a história era menos sobre ele e mais sobre a mensagem.

A calça jeans e o suéter básico eram uma escolha consciente de Jobs para diminuir o foco nele mesmo e destacar o produto ou a mensagem do discurso nos eventos da Apple. Ao adotar esse visual, ele transmitia uma imagem de praticidade, valor alinhado com os da companhia.

Parece desafiador encontrar um elo entre as nossas características pessoais e aquilo que a gente quer **projetar, mas tudo o que vale a pena exige esforço.**

Sabemos que o que é fake não tem força, e construir uma personagem não é sustentável, então, aposte no autoconhecimento para fazer escolhas inteligentes sem abrir mão da autenticidade. Antes da sua próxima reunião de negócios, pense nas seguintes perguntas:

- Qual frase ou imagem poderia estar estampada em sua camiseta, caso você estivesse vestindo sua marca pessoal agora?
- Como você poderia trazer isso para o seu vestuário/imagem?

O que a gente decide mostrar compõe a forma como a gente será vista pelos outros. Faça escolhas conscientes e estratégicas.

* VOCÊ CONSTRÓI HOJE O SEU EU DE AMANHÃ

Há alguns anos, conheci a economista Flora Meirelles, que na época trabalhava em um dos maiores bancos do Brasil na área de investimentos — um mercado majoritariamente masculino. Para acelerar a carreira, ela decidiu aprimorar sua habilidade de comunicação com o propósito de ser vista, reconhecida e ter seu trabalho ainda mais valorizado.

Na primeira sessão de mentoria, gosto de ouvir a história de cada cliente: o que leem, como se divertem, suas motivações, com quem convivem no dia a dia e, assim, entender melhor sua visão de mundo.

Dessa forma, percebo o que há de interessante em cada pessoa, entendo sua personalidade e como ela impacta sua comunicação. Em meio à nossa conversa, Flora compartilhou sua paixão por pedalar e como se tornou uma triatleta. Sempre dedicada, ela evoluiu muito rápido a cada sessão de mentoria. Em paralelo, aprimorava também sua performance no ciclismo e natação.

Em uma das sessões, como prática, ela preparou uma apresentação para me convencer a pedalar, porém, em vez de começar falando sobre os benefícios do ciclismo para a saúde, redução do colesterol, ela foi mais inteligente e falou de "Viagens para se fazer de bike". Montar em uma bicicleta era uma ideia totalmente fora de cogitação para mim, mas confesso que a fala da Flora conseguiu me influenciar.

Estávamos tomando chá em uma daquelas salas repletas de obras de arte e revestidas de madeira do prédio onde ela trabalhava na Faria Lima, em São Paulo. Flora me explicava um novo aprendizado: assim como existe técnica para dar melhores braçadas e ganhar velocidade na natação sem lesionar os músculos, também são muitas as técnicas de oratória para se expressar com clareza.

Ter percebido isso a ajudou a entender que é possível conquistar bons resultados de forma consistente, mas que o essencial é a confiança, respeitar seu estilo de comunicação e valorizar o que temos de único.

Tal qual no triatlo, a excelência vem da repetição **com foco e clareza do que é preciso melhorar.**

Flora se dedicou diariamente e alcançou seu objetivo de carreira. Hoje, ela atua em uma empresa ainda melhor, numa função estratégica, e seu trabalho é tão desafiador quanto recompensador. A comunicação acelerou sua carreira à medida que ela encontrou a forma de se expressar com mais clareza, confiança, respeitando seu estilo pessoal e contexto de trabalho.

Flora colocou em prática o aprendizado e colheu os louros da sua vitória. Eu também saí transformada desse encontro: comecei a pedalar com meu marido aos finais de semana na pista de ciclismo da Marginal Pinheiros. E você? O que pretende fazer para destravar novas habilidades daqui em diante?

Falar em público é só questão de treino, não é um dom. Quem me ensinou isso e provou que é verdade foi a All Presentations. Cada minuto de nossos treinamentos foram valiosos para mim.

FLORA MEIRELLES

Senior Vice President - Account Manager at PIMCO

CAPÍTULO 7:

SUA REDE DE CONTATOS **PODEROSA**

ALESSANDRA BRAGA DE MIRANDA

SUA **VOZ** PRA JOGO

POR SARI BONENKAMP

Como já adiantei, este capítulo é de autoria de uma profissional que admiro e tenho a alegria de tê-la colaborando com o livro.

Vou deixar, portanto, que ela mesma se apresente:

Sou um pouco alemã, um pouco mexicana e um pouco brasileira. Desde os três anos de idade, viajo o mundo com minha mãe, uma mulher muito comunicativa que me criou de forma independente. Trabalho desde os dezoito anos e já vivi em cinco países, experimentando culturas e formas de enxergar o mundo bem diferentes. Falo quatro línguas e sou formada em publicidade e teatro. Já atuei no palco usando textos de autores distintos, e mesmo assim, me expor diante do público para falar sobre a minha vida e minhas verdades sempre foi difícil. Foi assim que conheci a Alê, uma mulher incrível que me ajudou a enxergar, organizar e acreditar no meu trabalho. Confesso que a maternidade foi a experiência mais transformadora da minha vida e que foi por conta dela que acabei decidindo fazer a pós em neurociência para validar minhas intuições.

Assim como um bebê não consegue sobreviver sem encontrar quem se dedique a ele, hoje tenho certeza de que, sem conexões afetivas, o ser humano não consegue sequer suprir suas necessidades fisiológicas. Mas se, por um lado, existem sofrimentos sociais gerados pela rejeição, por outro, quando aprendemos a usar nossa habilidade para criar conexão e empatia, elas potencializam todas as nossas outras competências.

Acredito que a base da existência humana são as nossas habilidades sociais. A felicidade precisa ser compartilhada. Somos animais sociais e ninguém consegue viver ou criar algo sozinho.

Foi por esse motivo que criei o conceito de capital social. Aprendemos a falar quando crianças, mas será que damos a devida importância a nossa capacidade de criar laços afetivos? Assim como é possível se comunicar de forma mais consciente, podemos escolher com sabedoria as pessoas que nos cercam e afinar os laços com as que já estão ao nosso redor. Tenho convicção de que, sem conexões genuínas e poderosas, qualquer pessoa seguirá aquém de seu potencial.

Neste capítulo, vou mostrar a você a criação de uma rede afetiva e efetiva de acordo com os seus objetivos. Também vou mostrar o quanto uma rede de apoio é fundamental para auxiliar na construção da própria voz.

Vou fornecer ferramentas que podem ajudar a gerar alianças genuínas entre pessoas diferentes para criar comunidades específicas. Mais que uma troca bilateral, estamos falando de estabelecer relações empoderadoras baseadas em transparência e generosidade.

Tenho certeza de que, assim como nós duas estamos juntas em torno de um sonho comum, você também vai conseguir encontrar a sua voz e as conexões de que precisa para realizar os seus.

Pense por um instante: qual foi a última conversa que realmente mudou alguma coisa na sua vida?

Talvez não tenha sido um grande evento, nem uma reunião estratégica. Pode ter sido um café rápido, um encontro inesperado, uma troca de olhares que abriu espaço para confiança. São esses momentos que, no fundo, definem quem somos e para onde vamos.

Não é poesia: é ciência. Hoje já existem médicos que prescrevem conexões sociais como parte de um tratamento. O termo é social *prescribing*, quando profissionais de saúde recomendam a participação em grupos, atividades coletivas ou comunidades como estratégia para melhorar o bem-estar e até prevenir doenças. Ou seja: estar conectado é tão essencial quanto se alimentar ou dormir bem.

E, se você parar para pensar, faz todo sentido. Precisamos de laços, de pertencimento, de estar em rede. É nas conexões verdadeiras que encontramos força para atravessar crises, clareza para tomar decisões e coragem para sonhar maior.

Eu mesma descobri isso cedo. Desde pequena, percebia o poder que um gesto simples tinha de aproximar as pessoas. Mais tarde, entendi que essa sensibilidade não era só um traço meu, ela poderia ser a base de um projeto de vida. Hoje, trabalho justamente para criar pontes: entre pessoas, ideias e possibilidades. Mas não se engane: não falo aqui de contatos superficiais, likes ou conexões automáticas no LinkedIn. Estou falando de vínculos reais. Aqueles que se constroem sem pressa, no espaço entre uma reunião e outra, na escuta atenta, na troca honesta que nos faz enxergar além da nossa própria bolha.

E se você observar a sua própria trajetória, talvez perceba que tudo o que realmente importa veio desse lugar: alguém que abriu uma porta, ofereceu uma palavra no momento certo ou estendeu a mão. É sobre isso que vamos falar aqui: como cultivar conexões que não só sustentam a nossa vida, mas a transformam.

* OS BENEFÍCIOS DAS CONEXÕES

Em 1937, na Universidade Harvard, foi feito um grande estudo sobre a saúde humana. Esta pesquisa, que segue sendo desenvolvida, entrevistou e examinou inúmeras pessoas com a pergunta: "o que faz você saudável?".

O resultado foi bastante surpreendente, porque o nível de saúde dos entrevistados não estava ligado à riqueza, nem à genética, rotina ou alimentação, mas à qualidade de suas conexões e amizades. "A única coisa que realmente importa é a sua aptidão social (as suas relações com outras pessoas)", diz o psiquiatra George Valliant, coordenador do estudo há 30 anos. Esta pesquisa comprova que ter contatos afetivos e uma rede de pessoas ativas, além de nos fazer seres humanos mais felizes, também aumenta a nossa longevidade.

Segundo pesquisadores da Universidade Duke, pessoas com mais de 70 anos têm 22% mais chance de chegar aos 80 se mantiverem relações de amizade fortes e ativas. E os amigos fazem, comprovadamente, mais diferença do que familiares. Foi calculada até uma quantidade mínima de amigos para que cada pessoa seja menos vulnerável às doenças. Pessoas com menos de 4 amigos sofrem risco dobrado de doenças cardíacas, por exemplo. Isso acontece porque a ocitocina, hormônio que regula as interações entre pessoas, age no corpo de forma oposta à adrenalina. Enquanto a adrenalina aumenta o nível de estresse, a ocitocina traz uma sensação de alívio e harmonia.

Durante a adolescência, passamos quase 30% do nosso tempo cultivando relações. Depois, a nossa vida vai mudando, novas obrigações vão surgindo e passamos a dedicar menos de 10% de nosso tempo aos nossos laços afetivos. Nós trocamos os amigos pelo trabalho, para ganhar mais dinheiro, mas a verdade é que isso não vale a pena. Nada é mais valioso do que nossos vínculos verdadeiros, sejam eles feitos dentro ou fora da nossa atividade profissional.

O economista Andrew Oswald, da Universidade de Warwick, criou uma fórmula e calculou que ganhar um amigo equivale a receber R$ 134 mil a mais de salário anual, em termos de aumento na satisfação. Valorizemos as nossas amizades e conexões, porque elas são a base para tudo o que fazemos.

Conforme estudos feitos por Matthew Lieberman, quando experimentamos dor social, (um ato de desprezo, uma palavra cruel), o sentimento é tão real quanto a dor física. Ele afirma que a necessidade de se conectar é tão ou mais fundamental que nossa necessidade de comida e água. Em muitos estudos com mamíferos, desde os menores roedores até nós, os humanos, dados sugerem que somos todos profundamente moldados pelo ambiente social.

Podemos não gostar do fato de estarmos conectados de tal forma que dependemos de nossas conexões para sermos felizes, mas é um fato. Apoio moral e um ambiente livre de ameaças são cruciais para a saúde de qualquer família, grupo, projeto, empresa, comunidade ou organização. Quando as pessoas sentem que pertencem, se envolvem muito mais. E quando há envolvimento, a produtividade aumenta espontaneamente.

* NOVO "NETWORKING"

A verdade é que esse termo está velho para os dias de hoje. A palavra foi criada na época da Revolução Industrial, quando, pela primeira vez na história, por meio do trabalho começou a ser possível a troca de status social. Antes disso, quem nascia plebeu, morria plebeu. Com a revolução industrial, isso mudou, porque criou-se a ideia de que trabalhar duro e ter boas relações com as pessoas poderiam fazer um indivíduo ascender socialmente e prosperar. Foi nessa época que começaram a surgir os clubes de networking, onde pessoas com interesses comuns se uniam em prol de seus objetivos.

Vamos atualizar o termo aos dias de hoje e tirar a palavra WORK, deixando apenas NET, ou "rede", assim nos aproximamos do que este conceito, ao meu ver, quer dizer agora. Acredito que criar rede é se aproximar de pessoas com quem você quer se comunicar e estabelecer elos para um propósito comum.

Em 2045, boa parte das pessoas trabalharão por projetos em vez de cargos (McKinsey Global Institute 2017). A tendência é que nos tornemos autônomos e que sejamos ao mesmo tempo a nossa própria marca e empresa.

A previsão diz que 47% dos empregos vão desaparecer e 65% das crianças trabalharão em empregos que ainda não existem (Fórum Econômico Mundial | World Economic Forum). Isso significa que estamos vivendo num mundo cada vez mais volátil, que se transforma rapidamente. Os robôs já substituem a gente em tantas funções! O que sabemos, de fato, é que, se temos uma base sólida de conexões, podemos nos adaptar com mais facilidade em um contexto de incertezas.

Mais do que quantidade de conexões, estou falando de qualidade.

Imagine se em um evento você conhece alguém que demonstra ser amigo da Gisele Bündchen ou Trump? Tenho certeza de que você vai se interessar em se conectar com essa pessoa, porque estar ao lado de gente bem relacionada pode abrir caminhos para novos negócios, visibilidade e aprendizado. Por isso, acredite no que vou falar: a sua rede de conexões, sem dúvida, torna você ainda mais valioso.

* COMO CONSTRUIR SEU CAPITAL SOCIAL

Nossas redes são nossa maior riqueza. Há 20 anos, a gente era valorizado só pelo nosso QI, o quociente intelectual. Depois disso, estudos foram constatando que os grandes líderes mundiais tinham muito mais do que QI, eles tinham QE, quociente emocional, que corresponde à capacidade de lidar com as próprias emoções e com as emoções alheias. Hoje em dia, a gente também sabe que estes dois quocientes se tornaram insuficientes para designar uma pessoa de sucesso na sociedade em que vivemos.

Sabemos que o Steve Jobs, por exemplo, tinha uma capacidade absurda de engajar as pessoas certas em torno de seus objetivos. Ele tinha uma rede muito sólida de sócios que acreditaram nele. E é exatamente este o conceito de QS, ou quociente social: a capacidade que um indivíduo tem de se relacionar com as pessoas ao seu redor e envolvê-las em prol de um objetivo comum. Os youtubers e instagramers são outros exemplos de profissionais que têm esta facilidade e acabam influenciando milhares de pessoas com suas diferentes abordagens. A inteligência social é fundamental nos dias de hoje.

É por meio de nossa capacidade social que compartilhamos nossas histórias e eternizamos os nossos legados. Se olhamos para a história da espécie humana, vemos que só chegamos até aqui por conta de nossa capacidade de nos organizarmos socialmente, com muito a melhorar, mas ainda assim, foi por conta da existência deste organismo social que nos perpetuamos.

Liderança e influência social são habilidades essenciais, além de saber resolver problemas, analisar sistemas, criar estratégias, ou mesmo para ser inovador ou criativo, é preciso ter uma alta capacidade de se relacionar, estar em contato com o novo, o diferente, o inusitado. Por essa razão, posso afirmar que o quociente social será a base para uma vida profissional de sucesso nos próximos anos.

Desde que comecei meus estudos em neurociência, realizo uma pesquisa sobre as qualidades primordiais de pessoas que têm o QS desenvolvido. Vou compartilhar **três estratégias** para que você possa começar hoje a construção e a manutenção da sua rede de contatos.

Empatia · · · · · · **Rapport** · · · · · · **Fala**

Empatia

A primeira é ser empático, saber se colocar no lugar do outro, mesmo sabendo que isso é, de fato, impossível.

Ter empatia é saber escutar adiando os julgamentos e mantendo a disponibilidade **e a generosidade em relação ao outro.**

Assim, você será capaz de se manter aberta a aprender com a diferença, ciente de que a diversidade de pensamento e perspectivas nos provoca a crescer, ainda que seja difícil lidar com ela.

Faça um exercício aqui comigo: feche os olhos e pense em alguém de quem você gosta. Depois faça a mesma coisa com alguém de quem você não gosta.

Normalmente, a pessoa de quem gostamos é muito parecida com a gente ou nos inspira. A de quem não gostamos é especialmente diferente nas questões que nos afastam dela. Hoje em dia, com os algoritmos, caímos sempre nos mesmos lugares. Referências viciadas nos fazem continuar sendo o que a gente já é.

Rapport

Existem também algumas ferramentas que podem nos ajudar, como o RAPPORT, uma técnica de espelhamento. Nosso cérebro não está aberto para a diversidade, o que a gente gosta mesmo é de se identificar. Então, quando abordo uma pessoa, seja na internet ou pessoalmente, é bom trazer à tona o que temos em comum para abrir as portas.

Bom enfatizar, no entanto, que isso não significa ser falso ou forjar características que você não tem, mas sim buscar os pontos de encontro.

Quero destacar aqui o movimento SLOW. Mesmo com toda a velocidade da internet, a conexão precisa de tempo e dedicação. Nossos corpos operam em ciclos, assim como o dia e a noite. Vale a pena dar respiro e espaço para que as relações possam amadurecer no tempo delas.

SLOW CONNECTION é escolher um pequeno círculo de pessoas e o nutrir. **São pessoas a quem você vai verdadeiramente se dedicar.**

Tirar o celular de perto enquanto estiver com as pessoas que você considera importantes é fundamental para criar melhores conexões. É impossível se conectar com alguém de verdade se você não está presente. Isso fará com que a qualidade do relacionamento entre vocês seja outra.

Também é essencial exercitar a pausa e falar devagar. A pausa e a fala mais lenta favorecem a presença.

O outro precisa de um espaço para se enxergar na sua fala ou processar o que você está **trazendo de novo para ele.**

Mapear a fala

Outro ponto crucial é mapear como falar com cada pessoa. Às vezes, precisamos nos adaptar ao ambiente e às pessoas com quem queremos nos comunicar. Mantenha sua autenticidade, mas preste atenção ao outro. A maneira como falamos pode se alterar para trazer mais conexão.

Como a Alê sempre diz: "Os melhores comunicadores são os que escutam mais e prestam atenção aos outros". Isso acontece porque todos temos ânsia de falar, mas muito pouca gente sabe escutar. Então, para se conectar, faça perguntas e ouça, verdadeiramente, o que o outro tem a dizer.

Quanto mais falamos, menos nos conectamos. Quanto mais escutamos, mais nos conectamos. **É preferível falar apenas o essencial. Isso é mais poderoso.**

O público se sente mais acolhido quando existe espaço. Ouvir é uma das mais valiosas formas de acolhimento que podemos dar a alguém.

Use as suas pequenas comunidades para trocar reflexões. Esteja disponível, às vezes, você é a peça que faltava no quebra cabeça de alguém.

* MAPA ESTRATÉGICO DE CONEXÕES

Ao delinear metas e fazer planejamentos, pouca gente chega a ponto de pensar quais seriam as pessoas estratégicas e fundamentais para chegarmos aonde queremos. É preciso identificá-las e valorizá-las. Dedicar-se aos seus relacionamentos é um investimento.

Em função disso, desenvolvi este exercício que chamo de CEBOLA. Para aprendê-lo, vamos pensar em nossa vida de forma ampla.

Na neurociência, estudamos que a capacidade de se relacionar ativamente e com frequência é de até 150 pessoas. Não por acaso, os modelos de organização primitiva das primeiras sociedades também eram formados por esse número de indivíduos. Esta é uma sabedoria ancestral que podemos e devemos seguir utilizando para não nos perder em meio a tantos contatos possíveis, ou talvez melhor dizer, impossíveis de lidar, nas redes sociais. Por isso, limite seu exercício a esse número de contatos.

DIAGRAMA DA CEBOLA

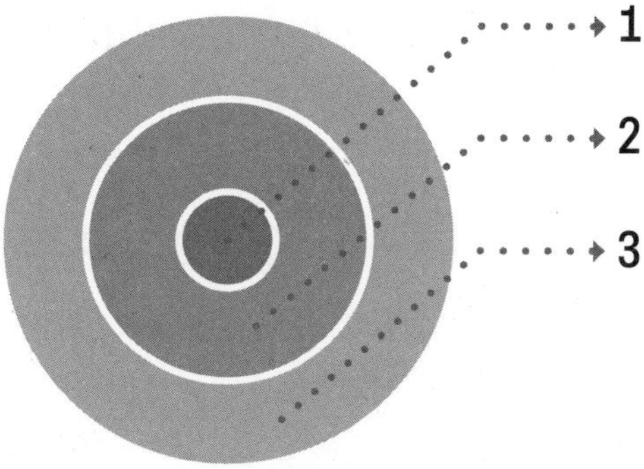

No **primeiro círculo**, eu coloco as cinco pessoas mais próximas, ou com quem eu mais convivo.

No **segundo círculo**, as pessoas com quem trabalho todos os dias. Vou seguindo assim, do mais íntimo ao mais distante.

E, lá no **último círculo**, talvez estariam algumas amigas com quem eu falo menos e não vejo há um bom tempo.

O primeiro benefício que este exercício proporciona é o tomar de consciência dos nossos contatos. Hoje em dia, a gente não consegue mais organizar nossos contatos efetivamente sem depender das redes sociais. E, se prestarmos atenção, não damos conta de toda essa gente que conhecemos pela internet. Mesmo assim, podemos cuidar muito bem daqueles que elegemos e merecem toda a nossa atenção.

Ao fazer este exercício, podemos descobrir que deixamos de falar com pessoas que são importantes ou que estamos perdendo muito tempo com outros, seja de forma profissional ou afetiva. Refletir sobre nossa rede de contatos é necessário. Acredito que esses universos estão cada vez mais entrelaçados.

Depois, você pode fazer o mesmo exercício da cebola pensando num projeto específico.

Eu quero lançar um livro, por exemplo. Então, depois de criar os círculos com as pessoas que quero por perto para este objetivo, vou eleger pessoas com papéis específicos para me apoiar:

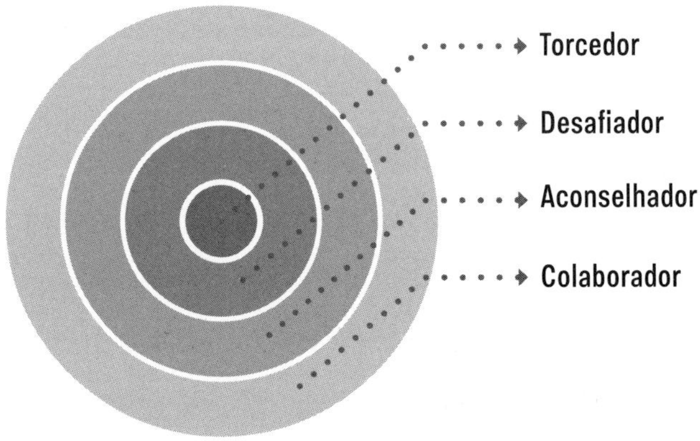

Torcedor: coloquei meu marido como meu TORCEDOR, e peço a ele que não me deixe desistir quando eu estiver desanimada.

Desafiador: depois, vou eleger uma pessoa que vai me provocar e ser do contra. Aquela que vai contestar o texto, questionar a capa...

Aconselhador: vou escolher também uma conselheira, alguém que já teve a experiência de lançar um livro e teve sucesso para me ajudar a chegar lá, trazendo inspiração e dicas.

Colaborador: por último, escolho alguém que vai cooperar na execução do meu objetivo, e, neste caso, pode-se contratar uma revisora. Ao entrar em contato com cada uma destas pessoas, você dá o papel a ela mostrando o quanto é valioso tê-la em sua vida, e em especial neste projeto. Muitos de nós temos medo de incomodar ou nos mostrar vulneráveis, mas o fato é que as pessoas se sentem valorizadas e também se abrem para receber a nossa ajuda.

Para cada área de sua vida, você pode fazer este exercício, ou em especial para aquelas áreas que você quer desenvolver e tomar consciência.

Este exercício nos ajuda a mapear e valorizar nossos **contatos verdadeiros.**

* APENAS 3 PESSOAS

Você já deve conhecer a teoria das sete pessoas (você conhece qualquer pessoa no mundo em no máximo sete conexões). A teoria foi criada em 1929 pelo escritor húngaro Frigyes Karinthy.

Em 2016, novos testes neste sentido foram feitos pelo Facebook em sua base de 1,59 bilhão de usuários cadastrados, e o resultado, obtido por meio de algoritmos estatísticos e cruzamento de dados, indicou que havia uma média de 3,57 a 4,57 graus de separação entre você e o Papa. Isso significa que as redes sociais aproximaram ainda mais os seres humanos, pelo menos nos números. Caímos de sete para aproximadamente três!

Para mim, essa regra parece funcionar mesmo fora das redes sociais. Quando olho para minhas conexões, estou apenas a uma pessoa de "distância" de personalidades como o Dalai Lama, Obama e Gisele Bündchen.

Já tentou fazer essa reflexão? Eleja alguém que você admira e veja quantas pessoas existem entre vocês. É claro que, quando aplicamos esta regra a pessoas famosas, é mais fácil porque muita gente as conhece. Aliás, você também sente uma falsa sensação de importância, apenas por estar próximo ou ser amigo nas redes sociais de alguém que é famoso?

Quando estava fazendo estágio na China, minha melhor amiga, Gesche Hass, me apresentou a um chinês que se chamava Wei-wei. Ele arregalou os olhos e perguntou se meu sobrenome era aquele mesmo. Fiquei surpresa, pois sei que a única família que tem esse sobrenome no Brasil é a minha. Ele me contou em seguida que morou durante anos na Alemanha e que a diretora da escola tinha meu sobrenome. Coincidência ou não, era ninguém menos que a minha mãe. Nunca esqueço desta história e, como ela, tenho outras tantas. Acontece com você também?

Mas se por um lado as pessoas parecem tão acessíveis e cada vez mais próximas, sabemos que não é bem assim. Quando recebo um contato de alguém que não conheço por mensagem, seja no Instagram, no Facebook ou no LinkedIn, por exemplo, eu simplesmente não respondo. Não acredito que seja uma boa estratégia sair por aí disparando mensagens e se conectando com pessoas aleatoriamente. As redes nos ajudam a chegar mais perto, mas precisamos fazer isso com inteligência e sensibilidade.

Lembre-se: nossa rede de contatos precisa ser regada da mesma forma como cuidamos de um **jardim para garantir que esteja sempre florido.**

Posfácio

O TOQUE FINAL

✱ O SILÊNCIO

Você chegou ao final da jornada do livro comigo. Que alegria. E quero encerrar te contando uma experiência importante.

Conheci o Deserto do Atacama, no Chile. Logo eu, que vivo em meio ao barulho e correria de São Paulo, encontrei algo raro por lá: o silêncio.

E claro, um lugar que provoca reflexão logo me fez pensar sobre a COMUNICAÇÃO. Muita gente pensa que se comunicar bem é falar muito, mas, na verdade, o SILÊNCIO também é uma ferramenta poderosa.

Ele observa o que a tagarelice ignora.

Ficar quieto exige AUTOCONTROLE, porque, enquanto uns falam para preencher o espaço, outros ouvem para entender o contexto.

E é nesse espaço de escuta que mora a clareza...

Sobre o que realmente está sendo dito.

Sobre as intenções por trás das palavras.

Sobre o que vale, ou não, a sua energia.

Para que entrar em todas as discussões?

Transformar toda reunião em um ringue de ideias?

Escolha suas batalhas.

Nem tudo merece resposta, mas, quando decidir falar, que seja com precisão, com estratégia, com impacto, porque, no fim das contas, quem sabe escutar tem muito mais poder quando decide se fazer ouvir.

O silêncio pode ser muito bom! Observar, sentir e perceber aquilo que os faladores jamais conseguirão notar porque estão mergulhados nas próprias ideias.

Até a voz de Deus se manifesta dentro de nós quando fazemos silêncio. É ali, no silêncio, que você terá ainda mais clareza ao notar as emoções, anseios e ser capaz também de perceber os interesses ocultos nas falas de cada pessoa. E quando perceber que é hora de falar, você será tão certeiro nas suas colocações que as pessoas ficarão impactadas.

O problema do silêncio está apenas quando o fazemos por medo (do julgamento, de desagradar, de soar ridículo) ou como uma maneira de punir os outros após uma briga. Essa é uma postura covarde e imatura. Fora isso, fechar a boca muitas vezes é também um ato de coragem e sabedoria.

Para que opinar sobre tudo? Ser o chato que transforma cada conversa em debate? Escolha as suas lutas. Para que se indispor com questões que sequer valem a pena?

É impossível agradar a todos. A verdade é que precisamos aprender a bancar as nossas decisões, opiniões e visão de mundo. E isso passa por ter coragem de colocar a voz para jogo ou talvez silenciar de modo estratégico em uma apresentação, reunião ou conversa um a um. Estar em silêncio junto com alguém também demonstra respeito, acolhimento, escuta atenta, confiança...

Já se sentiu apagado, deslocado, menos importante? Eu sim. E foi no silêncio que também aprendi a enxergar a beleza que há na minha história. E dali, nasceu o sonho deste livro, de ter uma empresa, de construir uma família, de palestrar em eventos tão grandiosos... Tudo isso só foi possível porque antes fiz uma pausa, que me permitiu ter clareza dos meus porquês para depois colocar a minha voz no mundo.

Seja você a faísca que acende o brilho das pessoas. A palavra certa acolhe, anima, renova, conforta, exorta...

É muito gratificante no meu trabalho ver a transformação de executivos que se tornam notáveis em suas áreas, ver o semblante de médicos, advogados, palestrantes se iluminar ao perceber que conhecimento técnico também pode ser dito de forma leve e criativa. E mais: perceber que a habilidade de falar bem e na hora certa é essencial para a vida.

Use suas palavras para construir, despertar o que há de melhor nos outros, gerar novos negócios, transformar sonhos em realidade.

Perceba o impacto que seu conhecimento e habilidades geram na vida dos outros. A verdade liberta e a coragem permite realizar.

Coloque em prática as inúmeras técnicas que compartilhei com você aqui neste livro. Pare de se resumir na sua versão atual e lembre sempre que falar bem é treino!

Construa melhores relacionamentos, seja útil no mundo, busque todos os dias a vida com que sonha e tenha certeza de que a comunicação é a habilidade essencial para tornar tudo isso possível.

Você julga em 3 segundos uma pessoa quando a conhece e com base nos primeiros contatos e responde mentalmente a duas perguntas: "Posso confiar nesta pessoa"? e "Posso respeitar esta pessoa"?.

O interessante é que nossa tendência é priorizar se a pessoa merece nossa confiança, porque, caso não mereça, ela é potencialmente perigosa, sobretudo se é competente.

Construa elos de confiança por meio da sua comunicação. E que o seu breve silêncio enquanto lia este livro tenha acendido a chama na sua mente e coração para que você coloque a sua voz para jogo e vá longe com confiança e verdade.

SUA VOZ PARA JOGO